162 bis

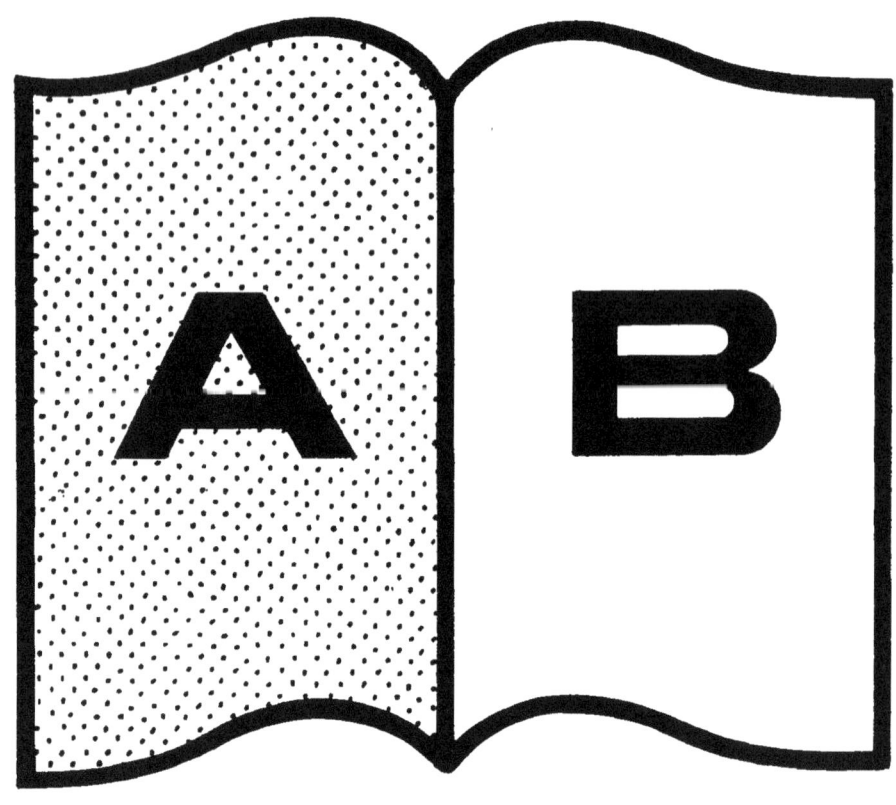

Contraste insuffisant

COMMENTAIRE HISTORIQUE

SUR

LES ŒUVRES

DE L'AUTEUR

DE LA HENRIADE, &c.

Avec les Piéces originales & les preuves.

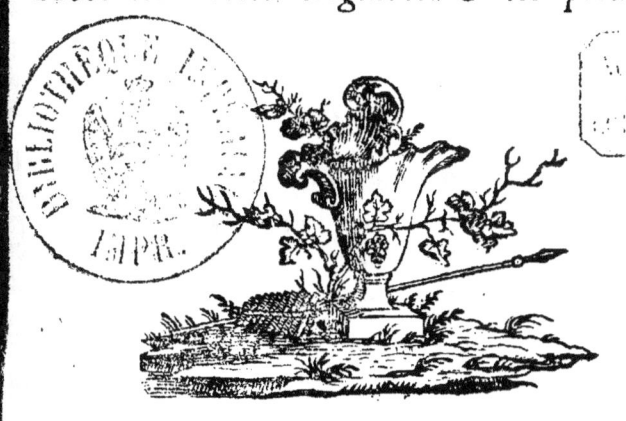

A BASLE,
Chez les Héritiers de Paul Duker.

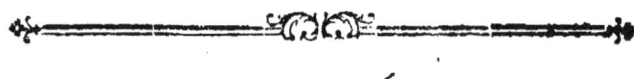

1776.

J'ai vu les Piéces originales & les preuves qui font dans le Commentaire, & je les ai remifes entre les mains du Sr. Wagn.... le 1er *May* 1776.

Signé DU REY, Avocat.

J'ai confronté les mêmes Piéces & je les ai trouvées entiérement conformes aux originaux. *le* 1er *Juin* 1776.

Signé CHRISTIN.

Fautes Typographiques à corriger.

Page 16, au numero *mettez* 16 aulieu de 42.
Page 22. *ligne* 13. la fille de l'héritiére, *corrigez* la fille & l'héritiére.
Page 27. *ligne* 3. paîtris, *corrig.* paîtrit.
Page 29. *ligne* 11. connu, *corrig.* connus.
Page 152. *ligne* 4. de vôtre age, *corr.* à vôtre age.

LISTE

Des Lettres véritables de Mr. de V.... qui sont à la fin du Commentaire.

A Mr. *Tovasi, sur la langue italienne & sur la française.* Page 123

A Mr. *le comte de Caylus, sur un monument de sculpture par Bouchardon.* 135

A Mr. *Clairaut, sur les Comètes.* 139

A Mr. *de la Noue, sur la tragédie de Mahomet second.* 145

A Mr. *de la Valière, sur Urceus Codrus.* 154

A Mr. *L...... célèbre avocat, sur des points d'histoire.* 169

A Mr. *l'avocat L......, sur Montesquieu & Grotius.*

A Mr. *de M. L. C., sur les systêmes de physique.* 180

Au même, sur les qualités occultes. 183

A un Avocat, sur la bizarrerie des loix. 188

A Mr. *de Faugères, sur un monument.* 190

A l'Auteur d'un poëme épique sur Josué. 196

A Mr. *Walpole, sur la tragédie & sur l'histoire.* 199

A un Ministre d'Etat, sur les systêmes politiques. 210

A Mr. Tiriot, sur des systêmes ridicules de physique. 212

A Mylord Chesterfield. 216

A un Inconnu, sur la mort. 218

A Mr. le prince G., sur un livre nouveau. 220

A Mr. le chevalier Hamilton, sur le Vesuve. 223

A Mr. Du M......, sur des anecdotes anciennes. 227

A Mr. de Chaban..., sur Pindare & Horace. 235

A une célèbre Actrice. 240

A Mr. Bertinelli, sur le Dante. 243

A Mr. M...., sur des questions métaphysiques. 247

A Mr. M...., sur les Lettres prétendues du Pape Ganganelli. 250

Au même, sur les fausses anecdotes. 260

Au même, sur le cocher Gilbert. 264

A Mr. l'abbé Spalanzani, sur les limaçons qui reprennent leurs têtes & sur des animaux qu'on ressuscite. 270

A Mr. B......, sur l'astronomie. 273

Sesostris. 279

COMMENTAIRE
HISTORIQUE.

E tâcherai dans ces Commentaires sur un homme de Lettres de ne rien dire que d'un peu utile aux Lettres; & surtout de ne rien avancer que sur des papiers originaux. Nous ne ferons aucun usage ni des satires, ni des panégiriques presque innombrables, qui ne seront pas appuyés sur des faits authentiques.

Les uns font naître FRANÇOIS DE VOLTAIRE le 20 Février 1694; les autres le 20 Novembre de la même année. Nous avons des médailles de lui qui portent ces deux dates; il nous a dit plusieurs fois qu'à sa naisſ-

A

fance on défefpéra de fa vie: & qu'ayant été ondoyé, la cérémonie de fon batême fut différée plufieurs mois.

Quoique je penfe que rien n'eft plus infipide que les détails de l'enfance & du collège, cependant je dois dire, d'après fes propres écrits, & d'après la voix publique qu'à l'âge d'environ douze ans, ayant fait des vers qui paraiffaient au-deffus de cet âge, l'abbé de Chateauneuf, intime ami de la célèbre Ninon de l'Enclos, le mena chez elle, & que cette fille fi fingulière lui légua par fon teftament une fomme de deux mille francs pour acheter des livres, laquelle fomme lui fut exactement payée. Cette petite pièce de vers, qu'il avait faite au collège, eft probablement celle qu'il compofa pour un Invalide qui avait fervi dans le régiment Dauphin, fous Monfeigneur fils unique de Louis XIV. Ce vieux foldat était allé au collège des Jéfuites prier un régent de vouloir bien lui faire un placet en vers pour Monfeigneur: le régent lui dit qu'il était alors trop occupé, mais qu'il y avait un jeune écolier qui pouvait faire ce qu'il demandait. Voici les vers que cet enfant compofa.

HISTORIQUE.

>Digne fils du plus grand des Rois,
>Son amour & notre espérance,
>Vous qui, sans régner sur la France,
>Régnés sur le cœur des François ;
>Souffrez-vous que ma vieille veine,
>Par un effort ambitieux,
>Ose vous donner une étrenne,
>Vous qui n'en recevez que de la main des Dieux ?
>On a dit qu'à votre naissance
>Mars vous donna la vaillance,
>Minerve la sagesse, Apollon la beauté :
>Mais un Dieu bienfaisant, que j'implore en mes peines,
>Voulut aussi me donner mes étrennes,
>En vous donnant la libéralité.

Cette bagatelle d'un jeune écolier valut quelques louis d'or à l'Invalide, & fit quelque bruit à Versailles & à Paris. Il est à croire que dès-lors le jeune homme fut déterminé à suivre son penchant pour la poésie. Mais je lui ai entendu dire à lui-même, que ce qui l'y engagea plus fortement fut qu'au sortir du collège, ayant été envoyé aux écoles de Droit par son père, trésorier de la Chambre des Comptes, il fut si choqué de la manière dont on y enseignait la Jurisprudence, que cela seul le tourna entièrement du côté des Belles-Lettres.

Tout jeune qu'il était, il fut admis dans la société de l'abbé de Chaulieu, du marquis de la Fare, du duc de Sulli, de l'abbé Courtin. Et il nous a dit plusieurs fois que son père l'avait cru perdu, parce qu'il voyait bonne compagnie, & qu'il faisait des vers.

Il avait commencé dès l'âge de dix-huit ans la tragédie d'Œdipe, dans laquelle il voulut mettre des chœurs à la manière des Anciens. (*) Les Comédiens eurent beaucoup de répugnance à jouer une tragédie, traitée par Corneille & en possession du théâtre: ils ne la représentèrent qu'en 1718; & encor fallut-il de la protection. Le jeune homme, qui était fort dissipé & plongé dans les plaisirs de son âge, ne sentit point le péril, & ne s'embarassait point que sa Pièce réussît ou non: il badinait sur le théâtre, & s'avisa de porter la queue du Grand-Prêtre dans une scène où ce même Grand-Prêtre faisait un

―――――――

(*) Nous avons une Lettre du savant Dacier de 1713, dans laquelle il exhorte l'auteur qui avait déjà fait sa pièce à y joindre des chœurs chantans à l'exemple des Grecs. Mais la chose était impraticable sur le théâtre Français.

effet très-tragique. Madame la maréchale de Villars, qui était dans la premiere loge, demanda quel était ce jeune homme qui faisait cette plaisanterie, apparemment pour faire tomber la pièce; on lui dit que c'était l'auteur. Elle le fit venir dans sa loge, & depuis ce tems, il fut attaché à Monsieur le maréchal & à Madame jusqu'à la fin de leur vie, comme on peut le voir par cette épître imprimée.

> Je me flattais de l'espérance
> D'aller gouter quelque repos
> Dans votre maison de plaisance;
> Mais Vinache à ma confiance,
> Et j'ai donné la préférence,
> Sur le plus grand des Héros,
> Au plus grand Charlatan de France, &c.

Ce fut à Villars qu'il fut présenté à Monsieur le duc de Richelieu, dont il acquit la bienveillance, qui ne s'est point démentie pendant soixante années.

Ce qui est aussi rare, & ce qui à peine a été connu, c'est que Monseigneur le Prince de Conti, pere de celui qui a été si célèbre par les journées de la barricade de Démont & de Château Dauphin, fit pour lui des vers dont voici les derniers.

,, Ayant puisé ses vers aux eaux de l'Aganippe,
,, Pour son premier projet il fait le choix d'Œdipe,
,, Et quoique dès longtems ce sujet fut connu,
,, Par un stile plus beau cette pièce changée
,, Fit croire des Enfers Racine revenu,
,, Ou que Corneille avait la sienne corrigée. ''

Je n'ai pu retrouver la réponse de l'auteur d'Œdipe. Je lui demandai un jour s'il avait dit au Prince en plaisantant: Monseigneur, vous serez un grand poète; il faut que je vous fasse donner une pension par le Roi. On prétend aussi qu'à souper il lui dit: Sommes-nous tous Princes, ou tous Poètes? — Il me répondit: *Delicta juventutis meæ ne memineris, Domine.*

Il commença la Henriade à St. Ange chez Monsieur de Caumartin, Intendant des finances, après avoir fait Œdipe & avant que cette Pièce fut jouée. Je lui ai entendu dire plus d'une fois que quand il entreprit ces deux ouvrages, il ne comptait pas les pouvoir finir, & qu'il ne savait ni les règles de la tragédie, ni celles du poème épique; mais qu'il fut saisi de tout ce que Monsieur de Caumartin, très-savant dans l'histoire, lui contait de Henri IV, dont ce respectable vieillard était idolâtre; & qu'il commença cet ouvrage par pur enthousiasme, sans presque y faire réflexion. Il lut un jour plusieurs chants de ce poëme chez le jeune Président de Maisons son intime ami. On l'impatienta par des objections; il jetta son manuscrit dans le feu. Le Président Hénaut l'en retira avec peine. „ Souvenez-vous (lui dit Mr. „ Hénaut) dans une de ses lettres, que c'est „ moi qui ai sauvé la Henriade, & qu'il „ m'en a couté une belle paire de manchet- „ tes. " Plusieurs copies de ce poëme, qui n'était qu'ébauché, coururent quelques années après dans le public; il fut imprimé avec beaucoup de lacunes sous le titre de *la Ligue*.

Tous les poëtes de Paris, & plusieurs savans se déchaînèrent contre lui. On lui décocha vingt brochures. On joua la Henriade à la Foire: on dit à l'ancien Evêque de Fréjus, Précepteur du Roi, qu'il était indécent & même criminel de louer l'amiral de Coligni & la reine Elibabeth. La cabale fut si forte qu'on engagea le cardinal de Bissi, alors Président de l'Assemblée du Clergé, à censurer juridiquement l'ouvrage; mais une si étrange procédure n'eut pas lieu. Le jeune auteur fut également étonné & piqué de ces cabales. Sa vie très dissipée l'avait empêché de se faire des amis parmi les gens de Lettres ; il ne savait point opposer intrigue à intrigue : ce qui est dit - on , absolument nécessaire dans Paris, quand on veut réussir en quelque genre que ce puisse être.

Il donna la tragédie de Mariamne en 1722. Mariamne était empoisonnée par Hérode ; lorsqu'elle but la coupe, la caballe cria : *la Reine boit*, & la Pièce tomba. Ces mortifications continuelles le déterminèrent à faire imprimer en Angleterre la Henriade, pour laquelle il ne pouvait obtenir en France, ni privilége, ni protection. Nous avons vu une lettre de sa main écrite à Mr. Dumas d'Aiguebère, depuis Conseiller au Parlement de Toulouse, dans laquelle il parle ainsi de ce voyage.

> Je ne dois pas être plus fortuné
> Que le Héros célébré sur ma vielle:
> Il fut proscrit, persécuté, damné
> Par les dévots & leur douce sequelle:
> En Angleterre il trouva du secours,
> J'en vais chercher............

Le reste des vers est déchiré : elle finit

par ces mots : „ Je n'ai pas le nez tourné à „ être Prophète en mon pays ". Il avait raison. Le Roi George Ier. & furtout la Princeffe de Galles, qui depuis fut Reine, lui firent une foufcription immenfe : ce fut le commencement de fa fortune. Car étant revenu en France en 1728, il mit fon argent à une Lotterie établie par Mr. Desforts, Contrôleur général des finances. On recevait des rentes fur l'Hôtel-de-Ville pour billets, & on payait les lots argent comptant; de forte qu'une fociété, qui aurait pris tous les billets, aurait gagné un million. Il s'affocia avec une Compagnie nombreufe & fut heureux. C'eft un des affociés qui m'a certifié cette anecdote, dont j'ai vu la preuve fur fes régiftres. Mr. de V..... lui écrivait : „ Pour faire fa fortune dans ce pays- „ ci, il n'y a qu'à lire les Arrêts du Confeil. „ Il eft rare qu'en fait de Finances le Mi- „ niftère ne foit forcé à faire des arran- „ gements dont les particuliers profitent. "

Cela ne l'empêcha pas de cultiver les Belles-Lettres qui étaient fa paffion dominante. Il donna en 1730 fon Brutus, que je regarde comme fa tragédie la plus fortement écrite, sans même en excepter Mahomet. Elle fut très-critiquée. J'étais en 1731 à la première repréfentation de Zaïre; & quoiqu'on y pleura beaucoup, elle fut fur le point d'être fifflée. On la parodia à la Comédie Italienne, à la Foire, on l'appella la Pièce des Enfans-trouvés, Arlequin au Parnaffe.

Un Académicien l'ayant propofé en ce tems-là pour remplir une place vacante à laquelle notre auteur ne fongeait point, Mr. de Boze déclara que l'auteur de Brutus & de Zaïre ne pouvait jamais devenir un fujet Académique.

Il était lié alors avec l'illuftre marquife du Chatellet, & ils étudiaient enfemble les principes de Newton & les fyftèmes de Leibnitz. Ils fe retirèrent plufieurs années à Cirey en Champagne, Mr. Kœnig, grand mathématicien y vint paffer deux ans entiers. Mr. de V.... y fit bâtir une gallerie, où l'on fit toutes les expériences fur la lumière & fur l'électricité. Ces occupations ne l'empêchèrent pas de donner le 27 Janvier 1736, la tragédie d'Alzire ou des Américains qui eut un grand fuccès. Il attribua cette réuffite à son absence : il disait *laudantur ubi non sunt, sed non cruciantur ubi sunt.*

Celui qui se déchaina le plus contre Alzire fut l'ex-jésuite Desfontaines. Cette avanture est assez singulière : ce Desfontaines avait travaillé au Journal des Savans sous Mr. l'abbé Bignon, & en avait été exclus en 1723. Il s'était mis à faire des espèces de Journaux pour son compte, & était ce que Mr. de V... appelle un *Folliculaire*. Ses mœurs étaient assez connues. Il avait été pris en flagrant délit avec de petits savoyards, & mis en prison à Bisêtre. On commençait à instruire son procès, & on voulait le faire bruler ; parce qu'on disait que Paris avait besoin d'un exemple. Mr. de V.... employa pour lui la protection de Madame la marquise de Prie. (*) Nous avons encor une des lettres que Desfontaines écrivit à son libérateur ; elle a été imprimée parmi les lettres du marquis d'Argens Déguille, page 228, Tome Ier. ,, Je n'oublierai jamais ,, les obligations que je vous ai : votre bon ,, cœur est encore au-dessus de votre esprit:

―――――――――

(*) Cette lettre est du 31 May. La date de l'année n'y est pas, mais elle est de 1724.

„ ma vie doit être employée à vous marquer
„ ma reconnaissance. Je vous conjure d'ob-
„ tenir encore que la Lettre de cachet qui
„ ma tiré de Bisêtre & qui m'exile à trente
„ lieues de Paris, soit levée, &c." "

Quinze jours après, le même homme imprime un libelle diffamatoire contre celui pour lequel il devait employer sa vie. C'est ce que je découvre par une lettre de Mr Tiriot du 16 Août, tirée du même recueil. Cet abbé Desfontaines est celui-là même qui, pour se justifier, disait à Mr. le comte d'Argenson : *il faut que je vive* ; & à qui Mr. le comte d'Argenson répondit : *Je n'en vois pas la nécessité.*

Ce prêtre ne s'adressait plus à des ramoneurs depuis son avanture de Bisêtre. Il élevait de jeunes Français dans ses deux métiers de nonconformiste & de folliculaire, il leur montrait à faire des satyres, il composait avec eux des libelles diffamatoires intitulé Voltairomanie & Voltairiana, c'était un ramas de contes absurdes. On en peut juger par une des Lettres de Mr. le duc de Richelieu, signée de sa main, dont nous avons retrouvé l'original. Voici les propres mots. „ *Ce livre est bien ri-*

dicule & bien plat. Ce que je trouve d'admirable, c'est que l'on y dit que Madame de Richelieu vous avait donné cent Louis & un carosse, avec des circonstances dignes de l'auteur & non pas de vous, mais cet homme admirable oublie que j'étais veuf en ce tems-là, & que je ne me suis remarié que plus de quinze ans après, &c. signé, *le duc de Richelieu* 8 Février 1739.

Mr. de V.... ne se prévalait pas même de tant de témoignages authentiques, & ils seraient perdus pour sa mémoire si nous ne les avions retrouvés avec peine dans le chaos de ses papiers.

Je tombe encor sur une Lettre du marquis d'Argenson, ministre des Affaires étrangères. *C'est un vilain homme que cet abbé Desfontaines, son ingratitude est encor pire que ses crimes qui vous avaient donné lieu de l'obliger*, 7 Février 1739.

Voilà les gens à qui Mr. de V.... avait à faire, & qu'il appellait *la canaille de la littérature. Ils vivent*, disait-il, *de brochures & de crimes*.

Nous voyons qu'en effet un homme de cette trempe nommé l'abbé Makarti, qui se disait des nobles Makarti d'Irlande & qui se disait aussi homme de Lettres, lui emprunta une somme assez considérable, & alla avec cet argent se faire mahométan à Constantinople: sur quoi Mr. de V.... dit, *Makarti n'est allé qu'au Bosphore ; mais Desfontaines s'est réfugié plus loin vers le lac de Sodome.* (*)

Il paraît que les contradictions, les perversités, les calomnies qu'il essuyait à chaque Pièce qu'il faisait représenter, ne pouvaient l'arracher à son goût, puisque la même année il donna la comédie de l'Enfant-prodigue le 10 Octobre; mais il ne la donna point sous son nom; & il en laissa le profit à deux jeunes élèves qu'il avait formés, Mrs. Linant & Lamarre qui vinrent à Cirey où il était avec Madame du Chatellet. Il donna Linant pour Précepteur au fils de Madame du Chatellet, qui a été depuis Lieutenant Gl. des armées, & Ambassadeur à Vienne & à Londres. La comédie de l'Enfant-prodigue eut un grand succès. L'auteur écrivit à Mlle. Quinaut : „ Vous „ savez garder les secrets d'autrui comme les

---

(*) Nous avons vu une obligation de 500 L. d'argent prêté chez Perret notaire 1er. Juillet 1730. mais nous n'avons pu trouver celle de 2000 L.

,, vôtres. Si l'on m'avait reconnu, la Pièce
,, aurait été sifflée. Les hommes n'aiment pas
,, qu'on réussisse en deux genres. Je me suis
,, fait assez d'ennemis par Œdipe & la Hen-
,, riade ".

Cependant il embrassait dans ce tems-là
même un genre d'étude tout différent: il
composait les Elémens de la Philosophie de
Newton, philosophie qu'alors on ne connaissait presque point en France. Il ne put obtenir un privilège du Chancelier d'Aguesseau,
Magistrat d'une science universelle ; mais
qui, ayant été élevé dans le système Carté-
sien, écartait les nouvelles découvertes autant
qu'il pouvait. L'attachement de notre auteur
pour les principes de Newton & de Loke
lui attira une foule de nouveaux ennemis. Il
écrivait à Mr. Fakener, le même auquel il
avait dédié Zaïre: ,, On croit que les Fran-
,, çais aiment la nouveauté, mais c'est en
,, fait de cuisine & de modes; car pour les
,, vérités nouvelles, elles sont toujours pros-
,, crites parmi nous: ce n'est que quand el-
,, les sont vieilles, qu'elles sont bien re-
,, çues, &c. "

Nous avons recouvré une lettre qu'il écrivit longtems après à Mr. Clairaut fur ces fciences abftraites ; elle paraît mériter d'être confervée. On la trouvera à fon rang dans ce recueil.

Pour fe délaffer des travaux de la phyfique, il s'amufa à faire le poëme de la Pucelle ? Nous avons des preuves que cette plaifanterie fut prefque compofée toute entière à Cirey. Madame du Chatellet aimait les vers autant que la géométrie & s'y connaiffait parfaitement. Quoique ce Poëme ne fut que comique, on y trouva beaucoup plus d'imagination que dans la Henriade. Mais la Pucelle fut indignement violée par des poliffons groffiers, qui la firent imprimer avec des ordures intolérables. Les feules bonnes éditions font celles de Genève.

Il fallut quitter Cirey pour aller folliciter à Bruxelles un procès que la maifon du Chatellet y foutenait depuis longtems contre la maifon de Honsbrouk, procès qui pouvait les ruiner l'une & l'autre. Mr. de V...., conjointement avec Mr. Raesfeld, Préfident de Clèves, accommoda enfin cet ancien différent, moyennant cent-trente mille francs,
argent

argent de France, qui furent payés à Mr. le marquis du Chatellet.

Le malheureux & célèbre Rousseau était alors à Bruxelles. Madame du Chatellet ne voulut point le voir, elle savoit que Rousseau avoit fait autrefois une satyre contre le Baron de Breteuil son père, dans le tems qu'il était son domestique, & nous en avons la preuve dans un papier écrit tout entier de la main de Madame du Chatellet.

Les deux Poëtes se virent, & bientôt conçurent une assez forte aversion l'un pour l'autre. Rousseau, ayant montré à son antagonistes une Ode à la Postérité, celui-ci lui dit : *mon ami, voilà une lettre qui ne sera jamais reçue à son adresse.* Cette raillerie ne fut jamais pardonnée. Il y a une lettre de Mr. de V. à Mr. Linant, dans laquelle il dit : " Rousseau me méprise, parce que je néglige quelquefois la rime, & moi je le méprise parce qu'il ne sait que rimer. " (*)

B

(*) Nous observons qu'une lettre d'un Sr. de Médin à un Sr. de Messe du 17 Février 1737, prouve assez que le poëte Rousseau ne s'était pas corrigé à Bruxelles

COMMENTAIRE

Les extrêmes bontés avec lesquelles le Roi de Prusse l'avaient prévenu, lui firent bien oublier la haine de Rousseau. Ce Monarque était Poëte aussi, mais il avait tous les talens de sa place & de ceux qui n'en étaient

---

telles. La voici. „ Vous allez être étonné du malheur
„ qui m'arrive : il m'est revenu des Lettres protestées:
„ on m'enlève mercredi au soir, & ou me met en
„ prison : croiriez-vous que ce coquin de Rousseau
„ cet indigne, ce monstre qui depuis six mois n'a
„ bu & mangé que chez moi, à qui j'ai rendu les
„ plus grands services & en nombre, a été la cau-
„ se qu'on m'a pris ; c'est lui qui a irrité contre
„ moi le porteur des Lettres ; & qu'enfin ce monf-
„ tre, vomi des enfers, achevant de boire avec
„ moi à ma table, de me baiser, de m'embraf-
„ ser, a servi d'espion pour me faire enlever à
„ minuit. Non, jamais trait n'a été si noir ; je ne
„ puis y penser sans horreur. Si vous saviez tout
„ ce que j'ai fait pour lui! Patience ; je compte
„ que notre correspondance n'en sera pas altérée.
„ Quelle différence entre cet hypocrite & Mr. de
„ Voltaire : ce dernier m'accorde ses bontés & ses
„ secours. "

Il faut avouer qu'une telle action sert beaucoup à justifier Saurin & la sentence & l'arrêt qui bannirent Rousseau. Mais nous n'entrons pas dans les profondeurs de cette affaire si funeste & si déshonorante.

pas. Une correspondance suivie était établie depuis longtems entre lui & notre auteur, lorsqu'il était Prince royal héréditaire. On a imprimé quelques-unes de leurs lettres dans les recueils qu'on a fait des ouvrages de Mr. de V....

Ce Prince venait, à son avénement à la Couronne, de visiter toutes les frontières de ses Etats. Son desir de voir les troupes françaises & d'aller incognitò à Strasbourg & à Paris lui fit entreprendre le voyage de Strasbourg, sous le nom de comte du Four; mais ayant été reconnu par un soldat qui avait servi dans les armées de son père, il retourna à Clèves.

Plus d'un curieux a conservé dans son porte-feuille une lettre en prose & en vers, dans le goût de Chapelle, écrite par ce Prince sur ce voyage de Strasbourg. L'étude de la langue & de la poésie française, celle de la musique italienne, de la philosophie & de l'histoire avaient fait sa consolation dans les chagrins qu'il avait essuyés pendant sa jeunesse. Cette lettre est un monument singulier d'un homme qui a gagné depuis tant de ba-

tailles : elle est écrite avec grace & légéreté;
en voici quelques morceaux.

„ Je viens de faire un voyage entremêlé
„ d'avantures singulières, quelquefois fâ-
„ cheuses & souvent plaisantes. Vous savez
„ que j'étais parti pour Bruxeles, afin de
„ revoir une sœur que j'aime autant que je
„ l'estime. Chemin faisant Algaroti & moi
„ nous consultions la carte géographique
„ pour régler notre retour par Vezel. Stras-
„ bourg ne nous détournait pas beaucoup;
„ nous choisîmes cette route par préférence :
„ l'incognitò fut résolu; enfin tout arrangé
„ & concerté au mieux, nous crûmes aller
„ en trois jours à Strasbourg.

„ Mais le ciel qui de tout dispose
„ Régla différemment la chose.
„ Avec des coursiers efflanqués,
„ En droite ligne issus de Rossinante,
„ Des paysans en postillons masqués,
„ Nos carosses cent fois dans la route accrochés,
„ Nous allions gravement d'une allure indolente. "

On dit qu'il écrivait tous les jours de ces
lettres agréables au courant de la plume.
Mais il venait de composer un ouvrage bien
plus sérieux & plus digne d'un grand Prin-

ce : c'était la réfutation de Machiavel. Il l'avait envoyé à Mr. de Voltaire pour le faire imprimer, il lui donna rendez-vous dans un petit château, appellé Meuse, auprès de Clèves. Celui-ci lui dit : ,, Sire, fi j'avais été ,, Machiavel, & fi j'avais eu quelque accès ,, auprès d'un jeune Roi, la première chofe ,, que j'aurais faite, aurait été de lui con- ,, feiller d'écrire contre moi. " Depuis ce tems, les bontés du monarque Pruffien redoublèrent pour l'Homme de lettres français, qui alla lui faire fa cour à Berlin, fur la fin de 1740, avant que le Roi fe préparât à entrer en Siléfie.

Alors le cardinal de Fleury lui prodigua les cajoleries les plus flatteufes, dont il ne paraît pas que notre voyageur fut la dupe. Voici fur cette matière une anecdote bien fingulière, & qui pourrait jetter un grand jour fur l'hiftoire de ce fiècle. Le cardinal écrivit à Mr. de Voltaire le 14 Novembre 1740 une grande Lettre oftenfible dont j'ai copie : on y trouve ces propres mots.

,, *La corruption eft fi générale, & la bonne*
,, *foi eft fi indécemment bannie de tous les cœurs*
,, *dans ce malheureux fiècle, que fi on ne fe te-*

„ naît pas bien fermes dans les motifs supérieurs
„ qui nous obligent à ne point nous en départir,
„ on serait quelquefois tenté d'y manquer dans
„ de certaines occasions. Mais le Roi mon Maî-
„ tre fait voir du moins qu'il ne se croit point
„ en droit d'avoir de cette espèce de représail-
„ les ; & dans le moment de la mort de l'Em-
„ pereur il assura Mr. le Prince de Lictenstein
„ qu'il garderait fidélement tous ses engage-
„ mens ".

Ce n'est point à moi d'examiner comment après une telle Lettre on put en 1741 entreprendre de dépouiller la fille de l'héritière de l'empereur Charles VI. Ou le cardinal de Fleury changea d'avis, ou cette guerre se fit malgré lui. Mon commentaire ne regarde point la politique, à laquelle je suis absolument étranger ; mais en qualité de Littérateur je ne puis dissimuler ma surprise de voir un homme de cour & un académicien dire *qu'on se tient ferme dans des motifs qui obligent à ne se point départir de ces motifs ; qu'on serait tenté de manquer à ces motifs & qu'on est en droit d'avoir de ces espèces de représailles.* Voilà bien des fautes contre la langue en peu de mots.

Quoi qu'il en soit, je vois très-clairement que mon Auteur n'avait aucune envie de faire fortune par la politique : puisque, de retour à Bruxelles, il ne s'occupa que de ses chères Belles-Lettres. Il y fit la tragédie de Mahomet, & alla bientôt après avec Madame du Chatellet faire jouer cette pièce à Lille, où il y avait une fort bonne troupe dirigée par le Sr. Lanoue ; auteur & comédien. La fameuse Demoiselle Clairon y jouait, & montrait déjà les plus grands talens. Madame Denis, nièce de l'auteur, femme d'un Commissaire ordonnateur des Guerres, ancien Capitaine au régiment de Champagne, tenait un assez grand état à Lille, qui était du département de son mari. Madame du Chatellet logea chez elle ; je fus témoin de toutes ces fêtes ; Mahomet fut très bien joué.

Dans un entre-acte on apporta à l'auteur une lettre du Roi de Prusse, qui lui apprenait la victoire de Molvitz ; il la lut à l'assemblée ; on battit des mains : „ *Vous* „ *verrez*, dit-il, *que cette Pièce de Molvitz* „ *fera réussir la mienne*".

Elle fut représentée à Paris le 19 Août de la même année. Ce fut-là qu'on vit plus que jamais à quel excès se peut porter la jalousie des gens de Lettres, sur tout en fait de théâtre. L'abbé Desfontaines, & un nommé Bonneval que Mr. de V.... avait secouru dans ses besoins, ne pouvant faire tomber la tragédie de Mahomet, la déférèrent, comme une Pièce contre la Religion chrétienne, au Procureur général. La chose alla si loin que le cardinal de Fleury conseilla à l'auteur de la retirer. Ce conseil avait force de loi ; mais l'auteur la fit imprimer, & la dédia au Pape Benoit XIV. Lambertini, qui avait déjà beaucoup de bontés pour lui. Il avait été recommandé à ce Pape par le cardinal Passionei, homme de Lettres célèbre avec lequel il était depuis longtems en correspondance. Nous avons quelques lettres de ce Pape à Mr. de V.... Sa Sainteté voulut l'attirer à Rome ; & il ne s'est jamais consolé de n'avoir point vu cette Ville qu'il appellait la capitale de l'Europe.

Mahomet ne fut rejoué que longtems après par le crédit de Madame Denis, malgré Crébillon alors approbateur des Pièces de théâtre sous les ordres du Lieutenant de Police. On fut obligé de prendre Mr. d'Alembert pour approbateur. Cette manœuvre de Crébillon parut affez malhonnête à la bonne compagnie. La pièce eft reftée en poffeffion du théâtre dans le tems même ou ce fpectacle a été le plus négligé. Il avouait qu'il fe repentait d'avoir fait Mahomet beaucoup plus méchant que ce grand homme ne le fut. Mais fi je n'en avais fait qu'un héros politique, écrit il à un de fes amis, la pièce était fifflée. Il faut dans une tragédie de grandes paffions & de grands crimes. Au refte dit-il quelques lignes après, le *genus implacabile vatum* me perfécute plus que l'on ne perfécuta Mahomet à la Mecque. On parle de la jaloufie & des manœuvres qui troublent les Cours, il y en a plus chez les gens de Lettres.

Après toutes ces tracafferies, Meffieurs de Réaumur & de Mairan lui confeillèrent de renoncer à la poéfie qui n'attirait que de l'envie & des chagrins, de fe donner tout entier à la phyfique, & de demander une place à l'Académie des fciences, comme il en avait une à la Société royale de Londres, & à l'Inftitut de Boulogne. Mais Mr. de Fourmont fon ami, homme de Lettres infiniment aimable, lui ayant écrit une Lettre en vers pour l'exhorter à ne pas enfouïr son talent, voici ce qu'il lui répondit.

    A mon très cher ami Fourmont
    Demeurant sur le double-mont,
    Au-dessus de Vincent Voiture,
    Vers la taverne où Bachaumont
    Buvait & chantait sans mesure,
    Où le plaisir & la raison
    Ramenaient le tems d'Épicure.

    Vous voulez donc que des filets
    De l'abstraite philosophie
    Je revole au brillant palais
    De l'agréable poësie,
    Au pays où régnent Thalie
    Et le cothurne & les sifflets.

    Mon ami, je vous remercie
    D'un conseil si doux & si sain.
    Vous le voulez; je cède enfin
    A ce conseil, à mon destin;
    Je vais de folie en folie,
    Ainsi qu'on voit une Catin
    Passer du Guerrier au Robin,
    Au gras Prieur d'une Abbaye
    Au Courtisan, au Citadin:

    Ou bien, si vous voulez encore,
    Ainsi qu'une abeille au matin
    Va sucer les pleurs de l'aurore

Ou fur l'abfinte ou fur le thim ;
Toujours travaille & toujours caufe ;
Et vous paîtris fon miel divin.
Des gratte-cus & de la rofe.

Et auffitôt il travailla à fa Mérope. La tragédie de Mérope, première pièce profane, qui réuffit fans le fecours d'une paffion amoureufe, & qui fit à notre auteur plus d'honneur qu'il n'en efpérait, fut repréfentée le 26 Février 1743. Je ne puis mieux faire connaître ce qui fe paffa de fingulier fur cette tragédie qu'en rapportant la lettre qu'il écrivit, le 4 Avril fuivant, à fon ami Mr. d'Aiguebère qui était à Touloufe.

„ La Mérope n'eft pas encor imprimée :
„ je doute qu'elle réuffiffe à la lecture autant
„ qu'à la repréfentation. Ce n'eft point moi
„ qui ai fait la pièce; c'eft Mlle. Duménil.
„ Que dites-vous d'une Actrice qui fait pleu-
„ rer pendant trois actes de fuite? Le Pu-
„ blic a pris un peu le change : il a mis fur
„ mon compte une partie du plaifir extrême
„ que lui ont fait les acteurs. La féduction
„ a été au point que le Parterre a demandé
„ à grands cris à me voir. On m'eft venu
„ prendre dans une cache, où je m'étais ta-

„ pi : on m'a mené de force dans la loge
„ (*) de Madame la maréchale de Villars,
„ ou était fa Belle-fille. Le Parterre était
„ fou : il a crié à la duchesse de Villars de
„ me baiser, & il a tant fait de bruit qu'elle
„ a été obligée d'en passer par là, par l'or-
„ dre de sa Belle-mère. J'ai été baisé publi-
„ quement, comme Alain Chartier par la
„ princesse Marguerite d'Ecosse ; mais il dor-
„ mait, & j'étais fort éveillé. Cette faveur
„ populaire, qui probablement passera bien-
„ tôt, m'a un peu consolé de la petite per-
„ sécution de *Boyer*, ancien Evêque de Mi-
„ repoix, toujours plus Théatin qu'Evêque.
„ L'Académie, le Roi & le Public m'avaient
„ désigné pour succéder au cardinal de
„ Fleury parmi les Quarante. *Boyer* n'a pas
„ voulu ; & il a trouvé à la fin, après deux
„ mois & demi un Prélat pour remplir la
„ place d'un Prélat, selon les Canons de l'E-

―――――――――――――――

(*) C'est de là qu'est venue la mode ridicule de crier l'auteur - l'auteur......, quand une Pièce bonne ou mauvaise réussit à la première représentation.

HISTORIQUE.

„ glife. (*) Je n'ai pas l'honneur d'être
„ Prêtre ; je crois qu'il convient à un profane
„ comme moi de renoncer à l'Académie.

„ Les Lettres ne font pas extrêmement fa-
„ vorifées. Le Théatin m'a dit que l'éloquen-
„ ce expirait ; qu'il avait en vain voulu la
„ refufciter par fes fermons ; que perfonne
„ ne l'avait *fecondé*. Il voulait dire, *écouté*.

„ On vient de mettre à la Baftille l'abbé
„ Langlet, pour avoir publié des Mémoires
„ déja très connu qui fervent de fupplément
„ à l'Hiftoire de notre célèbre de Thou. L'in-
„ fatigable & malheureux Langlet rendait un
„ fignalé fervice aux bons citoyens, & aux
„ amateurs des Recherches hiftoriques. Il
„ méritait des récompenfes ; on l'emprifonne
„ cruellement à l'âge de foixante & huit ans.
„ Cela eft tirannique.

„ *Infere nunc, Melibæe, piros ; pone ordine vites.*

„ Madame du Chatellet vous fait fes com-
„ plimens. Elle marie fa fille à Mr. le duc

(*) Je trouve une lettre du 3 Mars 1743, de Mr.
l'Archevêque de Narbonne qui fe défifte en faveur
de Mr. de Voltaire.

» de Monténero, napolitain, au grand nez,
» à la taille courte, à la face maigre & noire,
» à la poitrine enfoncée. Il est ici & va nous
» enlever une françaife aux joues rébondies.
» *Vale & me ama.*   V....

Nous le voyons bientôt après faire un nouveau voyage auprès du Roi de Pruffe, qui l'appellait toujours à Berlin ; mais pour lequel il ne pouvoit quitter longtems fes anciens amis. Il rendit dans ce voyage au Roi fon Maître un fignalé fervice, comme nous le voyons par fa correfpondance avec Mr. Amelot miniftre d'état. Mais ces particuliarités ne font pas l'objet de notre Commentaire. Nous n'avons en vue que l'Homme de lettre.

Le fameux comte de Bonneval devenu pacha Turc, & qu'il avait vu autrefois chez Mr. le Grand-Prieur de Vendôme, lui écrivit alors de Conftantinople, & fut en correfpondance avec lui pendant quelque tems. On n'a retrouvé de ce commerce épiftolaire qu'un feul fragment que nous tranfcrivons.

» Aucun Saint, avant moi, n'avait été
» livré à la difcrétion du Prince Eugène. Je
» fentais qu'il y avait une efpèce de ridicule
» à me faire circoncire ; mais on m'affura

„ bientôt qu'on m'épargnerait cette opéra-
„ tion en faveur de mon âge. Le ridicule de
„ changer de Religion ne laiſſait pas encore
„ de m'arrêter : il eſt vrai que j'ai toujours
„ penſé qu'il eſt fort indifférent à Dieu qu'on
„ ſoit Muſulman, ou Chrétien, ou Juif,
„ ou Guèbre : j'ai toujours eu ſur ce point
„ l'opinion du duc d'Orleans régent, des
„ ducs de Vendôme, de mon cher marquis
„ de la Fare, de l'abbé de Chaulieu & de
„ tous les honnêtes gens avec qui j'ai paſſé
„ ma vie. Je ſavais bien que le Prince Eu-
„ gène penſait comme moi & qu'il en aurait
„ fait autant à ma place ; enfin il fallait per-
„ dre ma tête, ou la couvrit d'un turban.
„ Je confiai ma perplexité à Lamira qui était
„ mon domeſtique, mon interprète & que
„ vous avez vû depuis en France avec *Saïd*
„ *Effendi :* il m'amena un *Iman* qui était plus
„ inſtruit que les Turcs ne le ſont d'ordi-
„ naire. Lamira me préſenta à lui comme
„ un cathécumène fort irréſolu. Voici ce que
„ ce bon Prêtre lui dicta en ma préſence ;
„ Lamira le traduiſit en français : je le con-
„ ſerverai toute ma vie.

„ Notre Religion eſt inconteſtablement la

„ plus ancienne & la plus pure de l'Univers
„ connu : c'est celle d'Abraham sans aucun
„ mélange ; & c'est ce qui est confirmé dans
„ notre saint livre où il est dit *Abraham était*
„ *fidèle ; il n'était ni Juif, mi Chrétien, ni*
„ *Idolâtre*. Nous ne croyons qu'un seul Dieu
„ comme lui, nous sommes circoncis comme
„ lui ; & nous ne regardons la Mecque com-
„ me une ville sainte, que parce qu'elle l'é-
„ tait du tems même d'Ismaël fils d'Abraham.

„ Dieu a certainement répandu ses béné-
„ dictions sur la race d'Ismaël, puisque sa
„ Religion est étendue dans presque toute
„ l'Asie, & dans presque toute l'Afrique, &
„ que la race d'Isaac n'y a pas pu seulement
„ conserver un pouce de terrein.

„ Il est vrai que notre Religion est peut-
„ être un peu mortifiante pour les sens ; Ma-
„ homet a réprimé la licence que se don-
„ naient tous les Princes de l'Asie ; d'avoir
„ un nombre indéterminé d'épouses. Les
„ Princes de la secte abominable des Juifs
„ avaient poussé cette licence plus loin que
„ les autres : David avait dix-huit femmes ;
„ Salomon selon les Juifs en avait jusqu'à
„ sept-

» sept-cent ; notre Prophète réduisit le nom-
» bre à quatre.

» Il a défendu le vin & les liqueurs fortes,
» parce qu'elles dérangent l'ame & le corps,
» qu'elles causent des maladies, des querel-
» les, & qu'il est bien plus aisé de s'abstenir
» tout-à-fait que de se contenir.

» Ce qui rend sur-tout notre Religion
» sainte & admirable, c'est qu'elle est la
» seule où l'aumône soit de droit-étroit.
» Les autres religions conseillent d'être
» charitable ; mais pour nous, nous l'or-
» donnons expressément sous peine de dam-
» nation éternelle.

» Notre Religion est aussi la seule qui dé-
» fende les jeux de hazard sous les mêmes
» peines ; & c'est ce qui prouve bien la pro-
» fonde sagesse de Mahomet. Il savait que le
» jeu rend les hommes incapables de travail,
» & qu'il transforme trop souvent la société en
» un assemblage de dupes & de fripons, &c.

*Il y a ici plusieurs lignes si blasphématoires que nous n'o-
sons les copier. On peut les passer à un Turc ; mais une
main chrétienne ne peut les transcrire.*

» Si donc ce Chrétien ci-présent veut ab-

C

,, jurer sa secte idolâtre, & embrasser celle
,, des victorieux Musulmans, il n'a qu'à pro-
,, noncer devant moi notre sainte formule,
,, & faire les prières & les ablutions pres-
,, crites.

,, Lamira m'ayant lu cet écrit me dit: Mr.
,, le comte, ces Turcs ne sont pas si sots
,, qu'on le dit à Vienne, à Rome & à Paris. —
,, Je lui répondis que je sentais un mouve-
,, ment de grace Turque intérieure, & que
,, ce mouvement consistait dans la ferme es-
,, pérance de donner sur les oreilles au prince
,, Eugène, quand je commanderais quelques
,, bataillons Turcs.

,, Je prononçai mot-à-mot d'après l'Iman
,, la formule: *Alla illa allah Mohammed re-*
,, *soul allah*. Ensuite on me fit dire la prière
,, qui commence par ces mots: *Benamyezdam*
,, *Bakshaeïer dadar*, au nom de Dieu clé-
,, ment & miséricordieux, &c.

,, Cette cérémonie se fit en présence de
,, deux Musulmans qui allèrent sur le champ
,, en rendre compte au Pacha de Bosnie.
,, Pendant qu'ils faisaient leur message, je me
,, fis raser la tête, & l'Iman me la couvrit
,, d'un turban, &c.

HISTORIQUE. 35

Je pourai joindre à ce fragment curieux quelques chanfons du comte Pacha ; mais quoique ces couplets foient fort gais, ils ne font pas fi intéreffants que fa profe.

Je n'aurai rien à dire de l'année 1744, finon que mon auteur fut admis dans prefque toute les Académies de l'Europe, &, ce qui eft fingulier, dans celle de *La Crufca*. Il avait fait une étude férieufe de la langue italienne, témoin une lettre de l'éloquent cardinal Paffionei qui commence par ces mots.

„ J'ai lu & relu, toujours avec un nou-
„ veau plaifir, votre lettre italienne belle &
„ favante. Il eft difficile de concevoir com-
„ ment un homme qui poffède à fond d'au-
„ tres langues a pu atteindre à la perfection
„ de celle-ci. . . . .
„ . . . .
„ La remarque qui eft dans votre lettre fur les
„ erreurs des plus grands hommes vient fort
„ à propos ; car le foleil à fes taches & fes
„ éclipfes ; celles-ci font obfervées dans le
„ dernier des almanachs ; &, comme vous
„ le penfez très-bien, les cenfeurs trop févè-
„ res ont fouvent befoin que nous ayons
„ pour eux plus d'indulgence que pour ceux

„ qu'ils reprennent. Homère, Virgile, le
„ Tasse & plusieurs autres perdront peu sur
„ une petite & légère faute qui est couverte
„ par mille beautés ; mais les Zoïles seront
„ toujours ridicules, & ne sauront pas dis-
„ tinguer les perles du fumier d'Ennius, &c. "

Ce cardinal écrivait, comme on voit, en français presque aussi bien qu'en italien, & pensait très-judicieusement. Nos Zoïles ne lui échappaient pas.

Mr. de V.... sur la fin de 1774 eut un Brevet d'Historiographe de France, qu'il qualifie de *magnifique bagatelle*. Il était déjà connu par son Histoire de *Charles XII*, dont on a fait tant d'éditions. Cette histoire fut principalement composée en Angleterre à la campagne avec Mr. Fabrice chambellan de *George premier*, Electeur de Hanovre, Roi d'Angleterre, qui avait résidé sept ans auprès de Charles XII, après la journée de Pultava.

C'est ainsi que la Henriade avait été commencée à St. Ange d'après les conversations avec Mr. de Caumartin.

Cette histoire fut très-louée pour le stile & très-critiquée pour les faits incroyables. Mais les critiques & les incrédules cessèrent, lors-

que le Roi *Stanislas* envoya à l'auteur par Mr. le comte de Tressan lieutenant général une attestation authentique conçue en ces termes. „ Mr. de Voltaire n'a oublié ni dé-
„ placé aucun fait, aucune circonstance;
„ tout est vrai, tout est dans son ordre. Il
„ a parlé sur la Pologne & sur tous les évé-
„ nements qui sont arrivés, comme s'il
„ avait été témoin oculaire. Fait à Comercy
„ onze Juillet 1759. "

Dès qu'il eut un de ces titres d'Historiographe, il ne voulut pas que ce titre fut vain, & qu'on dit de lui ce qu'un commis du Trésor-royal disait de Racine & de Boileau : *nous n'avons encore vu de ces Messieurs que leur signature.* Il écrivit la guerre de 1741, qui était alors dans toute sa force, & que vous retrouvés dans le siècle de *Louis XIV* & de *Louis XV.* (*)

Il était alors à Etiole avec cette belle Madame d'Etiole qui fut depuis la marquise de Pompadour. La Cour ordonna des fêtes pour

(*) Elle a été imprimée séparément, & ridiculement falsifiée.

le commencement de l'année 1745, où l'on devait marier le Dauphin avec l'Infante d'Espagne. On voulut des Ballets avec de la musique chantante, & une espèce de Comédie qui servit de liaison aux vers. Il en fut chargé, quoi qu'un tel spectacle ne fut point de son goût. Il prit pour sujet une princesse de Navarre. La Pièce est écrite avec légéreté. Mr. de la Popeliniere Fermier-général, mais lettré y méla quelques Ariettes ; la musique fut composée par le fameux Rameau.

Madame d'Etiole obtint alors pour Mr. de V.... le don gratuit d'une charge de Gentil homme ordinaire de la Chambre. C'était un présent d'environ soixante mille livres ; & présent d'autant plus agréable que peu de tems après il obtint la grace singulière de vendre cette place, & d'en conserver le titre, les privilèges & les fonctions.

Peu de personnes connaissent le petit impromptu qu'il fit sur cette grace qui lui avait été accordée, sans qu'il l'eut sollicitée deux fois.

> Mon Henri quatre & ma Zaïre
> Et mon Américaine Alzire
> Ne m'ont valu jamais un seul regard du Roi.

> J'avais mille ennemis avec très peu de gloire ;
> Les honneurs & les biens pleuvent enfin fur moi,
> Pour une Farce de la Foire.

Il avait eu cependant longtems auparavant une penſion du Roi de deux mille livres, & une de quinze cent de la Reine, mais il n'en follicita jamais le payement.

L'Hiſtoire étant devenue un de ſes devoirs il commença quelque choſe du *ſiècle de Louis XIV* : mais il différa de le continuer, il écrivit la Campagne de 1744, & la mémorable bataille de Fontenoi. Il entra dans tous les détails de cette Journée intéreſſante. On y trouve juſqu'au nombre des morts de chaque régiment. Le comte d'Argenſon, Miniſtre de la guerre, lui avait communiqué les Lettres de tous les officiers. Le maréchal de Noailles & le maréchal de Saxe lui avaient confié des Mémoires.

Je crois faire un grand plaiſir à ceux qui veulent connaître les événemens & les hommes, de tranſcrire ici la Lettre que Mr. le marquis d'Argenſon, Miniſtre des Affaires-étrangères, & frère ainé du Secrétaire d'Etat de la guerre, écrivit du champ de bataille à Mr. de Voltaire.

,, Monsieur l'Historien, vous aurez dû
,, apprendre dès mercredi au soir la nouvelle
,, dont vous nous félicités tant. Un Page
,, partit du champ de bataille le mardi à deux
,, heures & demie pour porter les Lettres;
,, j'apprends qu'il arriva le mercredi à cinq
,, heures du soir à Versailles. Ce fut un beau
,, spectacle que de voir le Roi & le Dauphin
,, écrire sur un tambour entourés de vain-
,, queurs & de vaincus, morts, mourants
,, & prisonniers. Voici des anecdotes que
,, j'ai remarquées.

,, J'eus l'honneur de rencontrer le Roi di-
,, manche tout près du champ de bataille;
,, j'arrivai de Paris au quartier de *Chin*. J'ap-
,, pris que le Roi était à la promenade; je
,, demandai un cheval, je joignis Sa Ma-
,, jesté près d'un lieu d'où l'on voyait le camp
,, des Ennemis; j'appris pour la première
,, fois de S. M. de quoi il s'agissait tout à
,, l'heure (à ce qu'on croyait.) Jamais je
,, n'ai vu d'homme si gai de cette avanture
,, qu'était le Maître. Nous discutâmes juste-
,, ment ce point historique que vous traités
,, en quatre lignes, quels de nos Rois avaient
,, gagné les dernières batailles royales. Je

,, vous assure que le courage ne faisait point
,, tort au jugement, ni le jugement à la mé-
,, moire. Delà on alla coucher sur la paille.
,, Il n'y a point de nuit de bal plus gaye ;
,, jamais tant de bons mots. On dormit tout
,, le tems qui ne fut pas coupé par des Cou-
,, riers, des Grassins & des Aides-de-camp.
,, Le Roi chanta une chanson qui a beau-
,, coup de couplets & qui est fort drole. Pour
,, le Dauphin il était à la bataille comme à
,, une chasse de lièvre, & disait presque :
,, quoi ! n'est-ce que cela ? Un boulet de
,, canon donna dans la boue & crotta un
,, homme près du Roi. Nos Maitres rirent
,, de bon cœur du barbouillé. Un palfre-
,, nier de mon frère a été blessé a la tête
,, d'une balle de mousquet ; ce domestique
,, était derrière la compagnie.

,, Le vrai, le sûr, le non flatteur c'est
,, que c'est le Roi qui a gagné lui-même la
,, bataille par sa volonté, par sa fermeté.
,, Vous verrez des rélations & des détails ;
,, vous saurez qu'il y a eu une heure terri-
,, ble où nous vimes le second tôme de Det-
,, tingue, nos français humiliés devant cet-
,, te fermeté anglaise ; leur feu roulant qui

,, reſſemble à l'enfer, que j'avoue qui rend
,, ſtupides les ſpectateurs les plus oiſifs, alors
,, on déſeſpéra de la république. Quelques-
,, uns de nos Généraux, qui ont plus de
,, courage, de cœur, que d'eſprit, donnè-
,, rent des conſeils fort prudents. On en-
,, voya des ordres juſqu'à Lille; on doubla
,, la garde du Roi; on fit emballer, &c. A
,, celà le Roi ſe moqua de tout & ſe porta
,, de la gauche au centre, demanda le corps
,, de réſerve; & le brave Lœvendal; mais
,, on n'en eut pas beſoin. Un faux corps de
,, réſerve donna. C'était la même cavalerie
,, qui avait d'abord donné inutilement, la
,, maiſon du Roi, les carabiniers, ce qui
,, reſtait tranquille des gardes françaiſes, des
,, irlandais excellents ſur tout quand ils mar-
,, chent contre des anglais & hanovriens.
,, Votre ami Mr. de Richelieu, eſt un vrai
,, Bayard; c'eſt lui qui a donné le conſeil &
,, qui l'a exécuté, de marcher à l'infanterie
,, comme des chaſſeurs, ou comme des fou-
,, rageurs pèle-mèle, la main baiſſée, le bras
,, racourci, maîtres, valets, officiers, ca-
,, valiers, infanterie, tout enſemble. Cette
" vivacité françaiſe dont on parle tant, rien

,, ne lui réfifte; ce fut l'affaire de dix mi-
,, nutes que de gagner la bataille avec cette
,, botte fecrette. Les gros bataillons anglais
,, tournèrent le dos, & pour vous le faire
,, court on en a tué quatorze mille. (*)

,, Il eft vrai que le canon a eu l'honneur de
,, cette affreufe boucherie : jamais tant de
,, canons ni fi gros, n'a tiré dans une ba-
,, taille générale qu'à celle de Fontenoi : il
,, y en avait cent. Monfieur, il femble que
,, ces pauvres ennemis ayent voulu à plaifir
,, laiffer arriver tout ce qui leur devait être
,, le plus mal fain, canon de Douai, gen-
,, darmerie, moufquetaires.

,, A cette charge dernière dont je vous
,, parlais n'oubliez pas une anecdote. Mon-
,, fieur le Dauphin, par un mouvement na-
,, turel, mit l'épée à la main de la plus jo-
,, lie grace du monde, & voulait abfolument
,, charger; on le pria de n'en rien faire.
,, Après cela, pour vous dire le mal comme
,, le bien, j'ai remarqué une habitude trop
,, tôt acquife de voir tranquillement fur le

(*) Il manqua en effet quatorze mille hommes à
l'appel ; mais il en revint environ fix mille dès le
jour même.

,, champ de bataille des morts nuds, **des en-**
,, **nemis** agonissants, des playes fumantes.
,, Pour moi j'avouerai que le cœur me man-
,, qua, & que j'eus besoin d'un flacon. J'ob-
,, servai bien nos jeunes Héros; je les trou-
,, vai trop indifférents sur cet article. Je
,, craignis pour la suite de leur longue vie
,, que le goût vint à augmenter par cette in-
,, humaine curée.

,, Le triomphe est la plus belle chose du
,, monde; les Vive le Roi, les chapeaux en
,, l'air au bout des bayonnettes, les compli-
,, mens du Maitre à ses guerriers, la visite
,, des retranchemens, des villages & des re-
,, doutes si intactes, la joye, la gloire, la
,, tendresse, mais le plancher de tout cela est
,, du sang humain, des lambeaux de chair
,, humaine.

,, Sur la fin du triomphe, le Roi m'hono-
,, ra d'une conversation sur la paix; j'ai dé-
,, pêché des couriers.

,, Le Roi s'est fort amusé hier à la tran-
,, chée; on a beaucoup tiré sur lui; il y est
,, resté trois heures. Je travaillais dans mon
,, cabinet qui est ma tranchée; car j'avoue-
,, rai que je suis bien reculé de mon cou-

„ rant par toutes ces dissipations. Je trem-
„ blais de tous les coups que j'entendais ti-
„ rer. J'ai été avant-hier voir la tranchée en
„ mon petit particulier. Cela n'est pas fort
„ curieux de jour. Aujourd'hui nous auront
„ un *Te Deum* sous une tente avec une sal-
„ ve générale de l'armée, que le Roi ira
„ voir du mont de la Trinité; cela sera beau.
„ J'assure de mes respects Madame du
„ Chatellet. Adieu Monsieur. "

C'est ce même marquis d'Argenson que quelques courtisans un peu frivoles appellaient d'Argenson la bête. On voit par cette lettre qu'il était d'un esprit agréable, & que son cœur était humain. Ceux qui le connaissaient voyaient en lui un philosophe plus qu'un politique, mais surtout un excellent citoyen. On en peut juger par son livre intitulé *Considérations sur le gouvernement*, imprimé en 1664, chez Marc-Michel Rey. Voyez surtout le chapitre *de la vénalité des Charges*. Je ne puis me défendre du plaisir d'en citer quelques passages.

„ Il est étonnant qu'on ait accordé une
„ approbation générale au livre intitulé Tes-
„ tament politique du cardinal de Richelieu,

,, ouvrage de quelque pédant eccléfiaftique,
,, & indigne du grand génie auquel on l'at-
,, tribue, ne fut-ce que pour le chapitre où
,, l'on canonife la vénalité des charges. Mi-
,, férable invention qui a produit tout le
,, mal qui eft à redreffer aujourd'hui, & par
,, où les moyens en font devenus fi péni-
,, bles; car il faudrait les revenus de l'Etat
,, pour rembourfer feulement les principaux
,, Officiers qui nuifent le plus. "

Ce paffage important femble avoir annoncé de loin l'abolition (*) de cette honteufe vénalité opérée en 1771, à l'étonnement de toute la France qui croyait cette réforme impoffible. J'y découvre auffi une uniformité de penfée avec Mr. de V.... qui a démontré les erreurs abfurdes dont fourmille le libelle fi ridiculement attribué au cardinal de Richelieu, & qui a lavé la mémoire de cet habile & redoutable miniftre de la fouillure dont on couvrait fon nom, en lui imputant cet impertinent ouvrage.

Tranfcrivons encore une partie du tableau

(*) Cette abolition en 1771, n'a été que paffagère.

que le marquis d'Argenson fait des malheurs des agriculteurs.

„ A commencer par le Roi, plus on est
„ grand à la Cour moins on se persuade au-
„ jourd'hui la misère de la campagne : les
„ Seigneurs des grandes Terres en entendent
„ bien parler quelquefois : mais leurs cœurs
„ endurcis n'envisagent dans ce malheur que
„ la diminution de leurs revenus. Ceux
„ qui arrivent des Provinces, touchés de ce
„ qu'ils ont vu, l'oublient bientôt par l'abon-
„ dance des délices de la Capitale. *Il nous*
„ *faut des ames fermes & des cœurs tendres*
„ *pour persévérer dans une pitié dont l'objet*
„ *est absent.* "

Ce Ministre citoyen avait toujours eu dès son enfance une tendre amitié pour Mr. de V.... J'ai vu une très-grande quantité de Lettres de l'un & de l'autre ; il en résulte que le Secrétaire d'Etat employa l'Homme de Lettres dans plusieurs affaires considérables pendant les années 1745. 1746. & 1747. C'est probablement la raison pour laquelle nous n'avons aucune pièce de théâtre de nôtre auteur pendant le cours de ces années.

Nous voyons par ses papiers que l'entreprife d'une defcente en Angleterre en 1746 lui fut confiée. Le duc de Richelieu devait commander l'armée. Le Prétendant avait déjà gagné deux batailles, & on attendait une révolution. Mr. de V.... fut chargé de faire le Manifefte. Le voici tel que nous l'avons trouvé minuté de fa main.

MANIFESTE

Du Roi de France en faveur du Prince Charles Edouard.

,, Le Séréniffime prince Charles Edouard
,, ayant débarqué dans la Grande Bretagne
,, fans autre fecours que fon courage ; &
,, toutes fes actions lui ayant acquis l'admi-
,, ration de l'Europe & les cœurs de tous
,, les véritables anglais, le Roi de france a
,, penfé comme eux. Il a cru de fon devoir
,, de fécourir à la fois un prince digne du
,, trône de fes ancêtres & une nation géné-
,, reufe dont la plus faine partie rappelle en-
,, fin le prince Charles Stuard dans fa patrie.
,, Il n'envoye le duc de Richelieu à la tête de
,, fes troupes que parce que les anglais les
,, mieux

,, mieux intentionnés ont demandé cet appui,
,, & il ne donne précisément que le nombre
,, des troupes qu'on lui demande, prêt à les
,, retirer dès que la nation exigera leur éloi-
,, gnement. Sa Majesté en donnant un se-
,, cours si juste à son parent, au fils de tant
,, de Rois, à un Prince si digne de régner,
,, ne fait cette démarche auprès de la nation
,, Anglaise que dans le dessein & dans l'assu-
,, rance de pacifier par-là l'Angleterre & l'Eu-
,, rope, pleinement convaincu que le S^{me}.
,, Prince Edouard met sa confiance dans leurs
,, bonnes volontés, qu'il regarde leurs li-
,, bertés, le maintien de leurs loix & leur
,, bonheur, comme le but de toutes ses en-
,, treprises, & qu'enfin, les plus grands Rois
,, d'Angleterre sont ceux qui élevés comme
,, lui dans l'adversité, ont mérité l'amour de
,, la nation.

,, C'est dans ces sentiments que le Roi se-
,, court leur Prince qui est venu se jetter
,, entre leurs bras, le fils de celui qui naquit
,, l'héritier légitime de trois royaumes, le
,, guerrier, qui malgré sa valeur n'attend
,, que d'eux & de leurs loix la confirmation
,, de ses droits les plus sacrés ; qui ne peut

D

,, jamais avoir d'intérêts que les leurs, &
,, dont les vertus enfin ont attendri les ames
,, les plus prévenues contre sa cause.

,, Il espère qu'une telle occasion réunira
,, deux nations qui doivent réciproquement
,, s'estimer ; qui sont liées naturellement par
,, les besoins mutuels de leur commerce, &
,, qui doivent l'être ici par les intérêts d'un
,, Prince qui mérite les vœux de toutes les
,, nations.

,, Le duc de Richelieu, commandant les
,, troupes de Sa Majesté le Roi de france,
,, adresse cette déclaration à tous les fidèles
,, citoyens des trois royaumes de la Grande-
,, Bretagne, & les assure de la protection cons-
,, tante du Roi son maitre. Il vient se joindre
,, à l'héritier de leurs anciens Rois, & ré-
,, pandre comme lui son sang pour leur service.

On voit par les expressions de cette pièce qu'elle fut dans tous les tems l'estime & l'inclination de l'auteur pour la nation anglaise ; & il a toujours persisté dans ces sentiments.

Ce fut l'infortuné comte de Lalli qui avait fait le projet & le plan de cette descente laquelle ne fut point effectuée. Il était né Irlandais, & il haïssoit les anglais autant que nôtre auteur les aimait & les eſtimait. Cette haine était mème chez Lalli une paſſion violente, à ce que nous a dit pluſieurs fois Mr. de V.... nous ne pouvons ici nous empêcher de témoigner nôtre profond étonnement que le général Lalli ait été accuſé depuis, d'avoir livré Pondicheri aux anglais. L'arrèt qui l'a condamné à la mort eſt un des jugements les plus extraordinaires qui aient été rendus dans nôtre ſiècle, c'eſt une ſuite des malheurs de la france. Cet exemple, & celui du maréchal de Marillac font aſſez voir que quiconque eſt à la tète des armées ou des affaires eſt rarement ſur de mourir dans ſon lit ou au lit d'honneur.

Ce fut en 1746 que Mr. de V.... entra dans l'Académie françaiſe. Il fut le premier qui dérogea à l'uſage faſtidieux de ne remplir un diſcours de réception que des louanges rebattues du cardinal de Richelieu. Il releva ſa harangue par des remarques nouvelles ſur la langue françaiſe & ſur le goût. Ceux qui ont été reçus après lui ont pour la plupart ſuivi & perfectionné cette méthode utile.

Il était en 1748 avec Madame du Chatellet à Lunéville auprés du Roi Staniſlas, lorſqu'il envoya à la comédie Nanine, repréfentée le 17 Juillet de cette année. Elle réuffit peu d'abord, mais elle eut enfuite un fuccès auffi grand que durable. Je ne puis attribuer cette bizarrerie, qu'à la fecrette inclination qu'on a d'humilier un homme qui a trop de renommée. Mais avec le tems on fe laiffe entrainer à fon plaifir.

Il arriva la même chofe à la première repréfentation de Sémiramis le 29 Août de la même année 1748. mais à la fin elle fit encor plus d'effet au théatre que Mérope & Mahomet.

Une chofe à mon avis, fingulière, c'eft qu'il ne donna point fous fon nom le panégirique de Louis XV, imprimé en 1749, & traduit en latin, en italien, en efpagnol & en anglais.

La maladie qui avait tant fait craindre pour la vie du Roi Louis XV, & la bataille de Fontenoi qui avait fait craindre encor plus pour lui & pour la France, rendaient l'ouvrage intéreffant. L'auteur ne loue que par les faits; & on y trouve un ton de philofophie qui caractérife tout ce qui eft forti de fa main. Ce panégirique était celui des officiers autant que de Louis XV: cependant il ne le préfenta a perfonne, pas même au Roi. Il favait bien qu'il ne vivait pas dans le fiècle de Péliſſon. Auſſi écrivait-il à Mr. de Formont l'un de ſes amis

> Cet éloge a très-peu d'effet
> Nul mortel ne m'en remercie
> Celui qui le moins s'en foucie.
> Eſt celui pour qui je l'ai fait.

Cette mème année 1749, il était dans le palais de Lunéville auprès du Roi Stanislas avec la marquife du Chatellet; cette Dame illuſtre y mourut. Le Roi de Pruſſe alors appella Mr. de V.... auprès de lui. Je vois qu'il ne fe réfolut à quitter la France, & à s'attacher à fa Majeſté Pruſſienne pour le reſte de fa vie que vers la fin du mois d'Août ou Auguſte 1750, après avoir combattu pendant plus de fix mois contre toute fa famille & contre tous ſes amis qui le diſſuadaient fortement de cette tranſplantation. Il ne put réſiſter à cette Lettre que le Roi de Pruſſe lui écrivit de fon apartement à la chambre de fon nouvel hôte, dans le palais de Berlin, le vingt-trois Auguſte, lettre qui a tant couru depuis & qui a été fouvent imprimée.

,, J'ai vu la lettre que votre Nièce vous
,, écrit de Paris. L'amitié qu'elle a pour vous
,, lui attire mon eſtime. Si j'étais Madame
,, Denis, je penſerais de même; mais étant
,, ce que je ſuis, je penſe autrement. Je ſe-
,, rais au déſeſpoir d'être cauſe du malheur
,, de mon ennemi; & comment pourais-je
,, vouloir l'infortune d'un homme que j'eſ-
,, time, que j'aime & qui me ſacrifie ſa pa-
,, trie & tout ce que l'humanité a de plus
,, cher? Non, mon cher Voltaire, ſi je pou-
,, vais prévoir que votre tranſplatation put
,, tourner le moins du monde à votre déſa-
,, vantage, je ferais le premier à vous en
,, diſſuader. Oui, je préférerais votre bon-
,, heur au plaiſir extrême que j'ai de vous
,, avoir. Mais vous êtes philoſophe, je le
,, ſuis de même: qu'y a-t-il de plus natu-
,, rel, de plus ſimple & de plus dans l'ordre
,, que des philoſophes faits pour vivre en-
,, ſemble, réunis par la même étude, par le
,, même goût & par une façon de penſer
,, ſemblable, ſe donnent cette ſatisfaction?
,, Je vous reſpecte comme mon maitre en
,, éloquence & en ſavoir; je vous aime com-
,, me un ami vertueux. Quel eſclavage, que

,, malheur, quel changement, quelle inconſ-
,, tance de fortune y a-t-il à craindre dans
,, un pays où l'on vous eſtime autant que
,, dans votre patrie, & chez un ami qui a
,, un cœur reconnaiſſant ? Je n'ai point la
,, folle préſomption de croire que Berlin vaut
,, Paris. Si les richeſſes, la grandeur & la
,, magnificence font une ville aimable, nous
,, le cédons à Paris. Si le bon goût peut-être
,, plus généralement répandu ſe trouve dans
,, un endroit du monde ; je ſais & j'en
,, conviens que c'eſt à Paris. Mais vous,
,, ne portez-vous pas ce goût par tout où
,, vous êtes ? Nous avons des organes qui
,, nous ſuffiſent pour vous aplaudir ; & en
,, fait de ſentimens, nous ne le cédons à
,, aucun pays du monde. J'ai reſpecté l'a-
,, mitié qui vous liait à Madame du Cha-
,, tellet ; mais après elle j'étais un de vos
,, plus anciens amis. Quoi ! parce que vous
,, vous retirés dans ma maiſon, il ſera dit
,, que cette maiſon devient une priſon pour
,, vous ? Quoi ! parce que je ſuis votre
,, ami, je ſerai votre tyran ? Je vous avoue
,, que je n'entends pas cette Logique là ;
,, que je ſuis fermement perſuadé que vous

,, ferez fort heureux ici tant que je vivrai;
,, que vous ferez regardé comme le pere des
,, lettres & des gens de goût, & que vous
,, trouverez en moi toutes les confolations
,, qu'un homme de votre mérite peut atten-
,, dre de quelqu'un qui l'eftime. Bon foir ".
FRÉDERIC.

Le Roi de Pruffe, après cette Lettre, fit demander au Roi de France fon agrément, par fon Miniftre; le Roi de France le donna. Notre auteur eut à Berlin la croix du mérite, la clef de Chambellan, & vingt mille francs de penfion. Cependant il ne quitta jamais fa maifon de Paris; & j'ai vu par les comptes de Mr. Telaleu notaire à Paris, qu'il y dépenfait trente mille francs par an. Il était attaché au Roi de Pruffe par la plus refpectueufe tendreffe & par la conformité des goûts. Il a dit cent fois que ce Monarque était auffi aimable dans la focieté que redoutable à la tête d'une armée; qu'il n'avait jamais fait de foupers plus agréables à Paris, que ceux auxquels ce Prince voulait bien l'admettre tous les jours. Son enthoufiafme pour le Roi de Pruffe allait jufqu'à la paffion. Il couchait au deffous de fon appartement, & ne fortait de fa chambre que pour fouper. Le Roi compofait en haut des ouvrages de philofophie, d'hiftoire & de poéfie; & fon favori cultivait en bas les mêmes arts & les mêmes talens. Il s'envoyaient l'un à l'autre leurs ouvrages. Le monarque Pruffien fit à Poftdam fon hiftoire de Brandebourg, & l'écrivain français y fit le fiècle de *Louis XIV*, ayant apporté avec lui tous fes matériaux. Ses jours coulaient ainfi dans un repos animé par des occupations fi agréables. On repréfentait à Paris fon *Orefte* & *Rome fauvée*. *Orefte* fut joué fur la fin de 1749, & *Rome fauvée* en 1760.

Ces deux pièces font abfolument fans intrigue d'amour, ainfi que *Mérope & la mort de Céfar*. Il aurait voulu purger le théâtre de tout ce qui n'eft pas *paffion* & avanture tragique. Il regardait *Electre* amoureufe comme un monftre orné de rubans fales; & il a manifefté ce fentiment dans plus d'un ouvrage.

Nous avons retrouvé une lettre en vers au Roi de Pruffe en lui envoyant le manufcrit d'Orefte.

Grand

Grand juge, & grand feseur de vers,
Lisez cette œuvre dramatique,
Ce croquis de la scène antique
Que des grecs le pinceau tragique
Fit admirer à l'univers ;
Jugez si l'ardeur amoureuse
D'une Electre de quarante ans,
Doit dans de tels événements
Etaler les beaux sentiments
D'une héroïne doucereuse
En massacrant ses chers parents
D'une main peu respectueuse.

Une princesse en son printems,
Qui surtout n'aurait rien à faire,
Pourait avoir par passe-tems
A ses pieds un ou deux amants
Et les tromper avec mistère.
Mais la fille d'Agamemnon
N'eut dans la tête d'autre affaire
Que d'être digne de son nom,
Et de vanger le roi son père.
Et j'estime encore que son frère
Ne doit point être un Céladon.
Ce héros fort atrabilaire.
N'était point né sur le Lignon.
Aprenez moi mon Apollon
Si j'ai tort d'être si sévère,
Et lequel des deux doit vous plaire
De Sophocle ou de Crébillon.

Sophocle peut avoir raifon,
Et laiffer des torts à Voltaire.

Il faut avouer que rien n'était plus doux que cette vie, & que rien ne faifait plus d'honneur à la philofophie & aux Belles-lettres. Le bonheur aurait été plus durable, & n'aurait point fait place enfin à un bonheur encor plus grand, fans une malheureufe difpute de phyfique mathématique, élevée entre Maupertuis, qui était auffi auprès du Roi de Pruffe, & Koënig, bibliothécaire de Madame la Princeffe d'Orange à la Haye. Cette querelle était une fuite de celle qui divifa longtems les Mathématiciens fur les forces vives & les forces mortes. On ne peut nier qu'il n'entre dans tout cela un peu de charlatanifme, ainfi qu'en théologie & en médecine. La queftion était au fond très-frivole; puifque de quelque manière qu'on l'embrouille, il faut toujours revenir aux loix fimples du mouvement. Les efprits s'aigrirent; Maupertuis fit condamner Koënig en 1752, par l'Académie de Berlin ou il dominait, comme s'étant appuyé d'une lettre de feu Leïbnitz, fans pouvoir produire l'original de cette lettre que pourtant Mr. Volf avait vue. Il fit plus;

il écrivit à Madame la Princesse d'Orange pour la prier d'ôter à Koënig la place de son bibliothécaire, & le déféra au Roi de Prusse comme un homme qui lui avait manqué de respect. Voltaire, qui avait passé deux années entière avec Koënig à Cirey, & qui était son ami intime, crut devoir prendre hautement le parti de son ami.

La querelle s'envenima; l'étude de la philosophie dégénéra en caballe & en faction. Maupertuis eut soin de répandre à la Cour qu'un jour le Général Manstein étant dans la chambre de Voltaire, où celui-ci mettait en français les *Mémoires sur la Russie* composés par cet officier, le Roi lui envoya une pièce de vers de sa façon à examiner, & que Voltaire dit à Manstein, *mon ami, à un autre fois. Voilà le Roi qui m'envoye son linge sale à blanchir : je blanchirai le votre ensuite.* Un mot suffit quelquefois pour perdre un homme à la Cour. Maupertuis lui imputa ce mot & le perdit.

Précisément dans ce tems-là même, Maupertuis faisait imprimer ses Lettres philosophiques fort singulières dans lesquelles il proposait de bâtir une ville Latine; d'aller faire des découvertes droit au pôle par mer ; de percer un trou jusqu'au centre de la terre ; d'aller au détroit de Magellan disséquer des cervelles de Patagons, pour connaitre la nature de l'ame ; d'enduire tous les malades de poix-résine pour arrêter le danger de la transpiration, & sur-tout de ne point payer le médecin.

Mr. de Voltaire releva ces idées philosophiques avec toutes les railleries auxquelles on donnait si beau jeu, & malheureusement ces railleries réjouirent l'Europe littéraire. Maupertuis eut soin de joindre la cause du Roi à la sienne. La plaisanterie fut regardée comme un manque de respect à Sa Majesté. Notre auteur renvoya respectueusement au Roi sa clef de chambellan & la croix de son ordre avec ces vers.

„ Je les reçus avec tendresse ;
„ Je vous les rend avec douleur.
„ Comme un amant jaloux, dans sa mauvaise humeur,
„ Rend le portrait de sa Maîtresse.

Le Roi lui renvoya sa clef & son ruban. Il s'en alla faire une visite à Son Altesse la duchesse de Gotha qui l'a toujours honoré d'une amitié conſtante juſqu'à ſa mort. C'eſt pour elle qu'il écrivit un an après *les Annales de l'Empire*, ouvrage preſque entiérement refondu dans *l'Eſſay ſur l'hiſtoire de l'eſprit & des mœurs des nations*.

Pendant qu'il était à Gotha, Maupertuis eut tout le tems de dreſſer ſes batteries contre le voyageur, qui s'en apperçut, quand il fut à Francfort ſur le Mein. Madame Denis ſa nièce lui avait donné rendez-vous dans cette ville.

Un bon allemand qui n'aimait ni les français, ni leurs vers, vint le 1er. Juin lui redemander les *Oeuvres de Poeshie* du Roi ſon maitre. Notre voyageur répondit que les *Oeuvres de Poeshie* étaient à Leipſik avec ſes autres effets. L'allemand lui ſignifia qu'il était conſigné à Francfort, & qu'on ne lui permettrait d'en partir que quand les Oeuvres ſeraient arrivées. Mr. de V.... lui remit ſa clef de chambellan & ſa croix, & promit de rendre ce qu'on lui demandait. Moyennant quoi le meſſager lui ſigna ce billet.

,, Mr., ſitôt le gros ballot de Leipſik ſera
,, ici, où eſt l'Oeuvre de *Poeshie* du Roi mon
,, maitre, vous pourez partir où vous pa-

« raîtra bon. A Francfort 1er. Juin 1753. »

Le Prifonnier figna au bas du billet : *Bon pour l'Oeuvre de Poeshie du Roi votre maitre.*

Mais quand les vers revinrent, on fuppofa des lettres de change qui ne venaient point. Les voyageurs furent arrêtés quinze jours au cabaret du bouc, pour ces lettres de change prétendues.

Enfin il ne purent fortir qu'en payant une rançon très-confidérable. Ces détails ne font jamais fçus des Rois. Cette avanture fut bientôt oubliée de part & d'autre comme de raifon. Le Roi rendit fes vers à fon ancien admirateur, & en renvoya bientôt de nouveaux, & en très-grand nombre. C'était une querelle d'amants : les tracafferies de cour paffent, mais le caractère d'une belle paffion dominante fubfifte longtems. Le voyageur français en relifant avec attendriffement la lettre éloquente & touchante du Roi, que nous avons tranfcrite, difait, *après une telle lettre je ne peux qu'avoir eu très-grand tort.*

L'échappé de Berlin avait un petit bien en Alzace fur des terres qui appartiennent à Mgr. le duc de Virtemberg. Il y alla, & s'amufa, comme je l'ai déjà dit, à faire imprimer les *Annales de l'Empire*, dont il fit préfent à

Jean Frédéric Shoëflin libraire à Colmar, frère du célèbre Shoëflin, profeſſeur en Hiſtoire à Strasbourg. Ce libraire était mal dans ſes affaires. Mr. de Voltaire lui prêta dix mille livres : ſur quoi je ne puis aſſez m'étonner de la baſſeſſe avec laquelle tant de barbouilleurs de papier ont imprimé, qu'il avait fait une fortune immenſe par la vente continuelle de ſes ouvrages.

Lorſqu'il était à Colmar, Mr. Vernet français réfugié, miniſtre de l'Evangile à Genève, & Mrs. Cramer, anciens citoyens de cette ville fameuſe, lui écrivirent pour le prier d'y venir faire imprimer ſes ouvrages. Les deux frères, qui étaient à la tête d'une librairie, obtinrent la préférence, & il la leur donna aux mêmes conditions qu'il l'avait donnée au Sr. Shoëflin, c'eſt-à-dire gratuitement. Il alla donc à Genève avec ſa nièce & Monſieur Coligni ſon ami qui lui ſervait de Secrétaire, & qui a été depuis celui de Monſeigneur l'Electeur Palatin & ſon Bibliothécaire.

Il acheta une jolie maiſon de campagne à vie auprès de cette ville, dont les environs ſont infiniment agréables, & où l'on jouit du plus bel aſpect qui ſoit en Europe. Il en
acheta

acheta une autre à Lausanne, & toutes les deux à condition qu'on lui rendrait une certaine somme quand il les quitterait. Ce fut la première fois depuis Zuingle & Calvin qu'un catholique romain eut des établissements dans ces cantons.

Il fit aussi l'acquisition de deux terres à une lieue de Genève dans le pays de Gex, sa principale habitation fut à Ferney dont il fit présent à Madame Denis. C'était une seigneurie absolument franche & libre de tous droits envers le Roi, & de tout impôt depuis Henri IV. Il n'y en avait pas deux dans les autres provinces du royaume qui eussent de pareils privilèges. Le Roi les lui conserva par brevet. Ce fut à Mr. le duc de Choiseul le plus généreux & le plus magnanime des hommes qu'il eut cette obligation sans avoir l'honneur d'en être particuliérement connu.

Le petit pays de Gex n'était presque alors qu'un désert sauvage. Quatre-vingt charrues étaient à bas depuis la révocation de l'édit de Nantes; des marais couvraient la moitié du pays & y répandaient les infections & les maladies. La passion de notre auteur avait toujours été de s'établir dans un canton abandonné pour le vivifier. Comme nous n'avançons rien que fur des preuves authentiques, nous nous bornerons à tranfcrire ici une de fes lettres à un évêque d'Annecy, dans le diocèfe duquel Ferney eft fitué. Nous n'avons pu retrouver la date de la lettre, mais elle doit être de 1759.

MONSIEUR,

„ Le curé d'un petit village nommé N....,
„ voifin de mes terres, a fufcité un procès
„ à mes vaffaux de Ferney & ayant fouvent
„ quitté fa cure pour aller folliciter à Dijon,
„ il a accablé aifément des cultivateurs, uni-
„ quement occupés du travail qui foutient
„ leur vie. Il leur a fait pour quinze cent
„ livres de frais, & a eu la cruauté de com-
„ pter parmi ces frais de juftice, les voyages
„ qu'il a fait pour les ruiner. Vous favez
„ mieux que moi, Mr. combien dès les pre-
„ miers tems de l'églife, les faints pères fe
„ font élevés contre les miniftres facrés, qui
„ facrifiaient aux affaires temporelles le tems
„ deftinés au autels. Mais fi on leur avait
„ dit qu'un prêtre fut venu avec des fergents

„ rançonner de pauvres familles, les forcer de
„ rendre le feul pré qui nourit leurs beftiaux,
„ & ôter le lait à leurs enfans, qu'auraient
„ dit les Irenées, les Jéromes, & les Au-
„ guftins? voilà, Monfieur, ce qu'un curé
„ eft venu faire à la porte de mon château.
„ Je lui ai envoyé dire que j'offrais de payer
„ la plus grande partie de ce qu'il exige de
„ mes communes, & il a répondu que celà
„ ne le fatisfaifait pas.

„ Vous gémiffez, fans doute, que des
„ exemples fi odieux foient donnés par des
„ pafteurs de la véritable églife, tandis qu'il
„ n'y a pas un feul exemple d'un pafteur pro-
„ teftant qui ait eu un procès avec fes paroif-
„ fiens (*), pour des intérêts d'argent, &c.

Cette Lettre, & la fuite de cette affaire
peuvent fournir des réflexions bien impor-

E 2

(*) Ce qui fait que jamais les curés proteftants n'ont de procès avec leurs ouailles, c'eft que ces curés font payés par l'état, qui leur donne des gages: ils ne difputent point la dixième ou la huitiéme gerbe a des malheureux. C'eft le parti que l'impératrice Cathérine a pris dans fon empire immenfe, La vexation des dixmes y eft inconnue.

tantes. Mr. de V.... termina ce procès & ce procédé en payant de fes deniers la vexation qui opprimait fes pauvres vaffaux. Et ce canton miférable changea bientôt de face.

Il fe tira plus gaiment d'une querelle plus délicate dans le pays proteftant où il avait deux domaines affez agréables, l'un à Geneve qu'on appelle encor la maifon des Délices, l'autre à Laufanne.

On fait affez combien la liberté lui était chère, à quel point il détestait toute perfécution, & quelle horreur il montra dans tous les tems pour ces fcélerats hipocrites, qui ofent faire périr au nom de Dieu, dans les plus affreux fupplices, ceux qu'ils accufent de ne pas penfer comme eux. C'eft furtout fur ce point qu'il répétait quelquefois.

Je ne décide point entre Genève & Rome.

Une de fes lettres dans laquelle il difait que le picard Jean Chauvin dit Calvin, affaffin véritable de Servet, *avait une ame atroce*, ayant été rendue publique par une indifcrétion trop ordinaire, quelques caffards s'irritèrent ou feignirent de s'irriter de ces paroles. Un genevois, homme d'efprit nommé Rival, lui adreſſa les vers ſuivants à cette occaſion.

  Servet eut tort, & fut un ſot
D'oſer dans un ſiècle falot
S'avouer anti-trinitaire. (*)
Et nôtre illuſtre atrabilaire
Eut tort d'employer le fagot
Pour réfuter ſon adverſaire.
Et tort nôtre antique ſénat
D'avoir prêté ſon miniſtère
  A ce dangereux coup d'état.
  Quelle barbare inconſéquence!
  O malheureux ſiècle ignorant!
  Nous oſions abhorrer en France
  Les horreurs de l'intolérance
  Tandis qu'un zèle intolérant
  Nous feſait brûler un errant!

  Pour nôtre prêtre épiſtolaire
Qui de ſon pétulant effort
Pour exhaler ſa bile amère
Vient réveiller le chat qui dort,

(*) Servet pouvait ſe repoſer ſur les propres paroles de Calvin, qui dit dans un ouvrage *en cas que quelqu'un ſoit hétérodoxe, & qu'il faſſe ſcrupule de ſe ſervir des mots trinité & perſonne, nous ne croyons pas que ce ſoit une raiſon pour rejetter cet homme, &c.*

Et dont l'inepte commentaire
Met au jour ce qu'il eut du taire,
Je laisse à juger s'il a tort.

Quant à vous célèbre Voltaire
Vous eûtes tort, c'est mon avis.
Vous vous plaisiez dans ce païs
Fêtez le saint qu'on y révère.
Vous avez à satiété
Les biens où la raison aspire ;
L'opulence, la liberté,
La paix, (qu'en cent lieux on désire)
Des droits à l'immortalité
Cent fois plus qu'on ne saurait dire.
On a du goût, on vous admire,
Tronchin veille à vôtre santé.
Cela vaut bien en vérité
Qu'on immole à sa sureté
Le plaisir de pincer sans rire.

Nôtre auteur répondit à ces jolis vers par ceux-ci.

Non, je n'ai point tort d'oser dire
Ce que pensent les gens de bien.
Et le sage qui ne craint rien
A le beau droit de tout écrire.

J'ai quarante ans bravé l'empire
Des lâches tirans des esprits.
Et dans vôtre petit païs
J'aurais grand tort de me dédire.

Je sais que souvent le malin
A caché sa queue & sa griffe
Sous la tiare d'un Pontife
Et sous le manteau de Calvin.

Je n'ai point tort quand je deteste
Ces assassins religieux
Employant le fer & les feux
Pour servir le Père céleste.

Oui, jusqu'au dernier de mes jours
Mon ame sera fiere & tendre,
J'oserais gémir sur la cendre
Et des *Servets* & des *Dubourgs*. (*)

De cette horrible frénésie
A la fin le tems est passé;
Le fanatisme est terrassé,
Mais il reste l'hipocrisie.

Farceurs à manteaux étriqués,
Mauvaise musique d'Eglise,
Mauvais vers & sermons croqués,
Ai-je tort si je vous méprise?

On voit par cette réponse, qu'il n'était ni à Apollo, ni à Céphas, & qu'il préchait la tolérance aux églises protestantes, ainsi qu'aux églises romaines. Il disait toujours

(*) Dubourg, conseiller clerc du Parlement, traité à Paris comme Servet à Genève.

que c'était le feul moyen de rendre la vie tolérable, & qu'il mourait content s'il pouvait établir ces maximes dans l'Europe. On peut dire qu'il n'a pas été tout-à-fait trompé dans ce deffein, & qu'il n'a pas peu contribué à rendre le clergé plus doux, plus humain, depuis Genève jufqu'à Madrid, & furtout à éclairer les laïques.

Bien perfuadé que les fpectacles des jeux d'efprit, amolliffent la férocité autant que les fpectacles des gladiateurs l'endurciffaient autrefois, il fit bâtir à Ferney un joli théâtre. Il y joua quelquefois lui-même, malgré fa mauvaife fanté ; & Madame Denis fa nièce, qui poffédait fupérieurement le talent de la déclamation comme celui de la mufique, y joua plufieurs rôles. Mlle. Clairon & le célèbre Lekain y vinrent repréfenter quelques pièces, on accourait de vingt lieues à la ronde pour les entendre. Il y eut plus d'une fois des foupers de cent couverts & des bals. Mais malgré le tumulte d'une vie qui paraiffait fi diffipée, & malgré fon âge, il travaillait fans relâche. Il donna dès l'an 1755 au théâtre de Paris, *l'Orphelin de la Chine*, repréfenté le 20 Août, & *Tancrede* le 3 Septembre 1760. Mademoifelle Clairon

& le Sr. Lekain déployèrent tous leurs talens dans ces deux pièces.

Le Caffé, ou l'Ecossaise, comédie en prose, n'était point destinée à être jouée, mais elle le fut aussi la même année avec un grand succès. Il s'était amusé à composer cette pièce pour corriger le folliculaire Fréron, qu'il mortifia beaucoup, mais qu'il ne corrigea pas. Cette Comédie, traduite en anglais par Mr. Colman eut le même succès à Londres, qu'à Paris : ces ouvrages ne lui coutaient point de tems. L'*Ecossaise* avait été faite en huit jours, & *Tancrede* en un mois.

Ce fut au milieu de ces occupations & de ces amusemens que Mr. Titon du Tillet, ancien maitre d'hôtel ordinaire de la reine, âgé de 85 ans, lui recommanda la petite-fille du grand Corneille, qui étant absolument sans fortune était abandonnée de tout le monde. C'est ce même Titon du Tillet qui aimant passionement les beaux-arts, sans les cultiver, fit élever avec de grandes dépenses un Parnasse en bronze, où l'on voit les figures de quelques poètes & de quelques musiciens Français. Ce monument est dans la bibliothèque du roi de France. Il avait élevé Mademoiselle

Corneille chez lui, mais voyant dépérir son bien, il ne pouvait plus rien faire pour elle. Il imagina que Mr. de Voltaire pourait le charger d'une Demoiselle d'un nom si respectable. Mr. du Molard, membre de plusieurs académies, connu par une dissertation savante & judicieuse sur les tragédies d'Electre anciennes & modernes; & Mr. Le Brun sécretaire de Monseigneur le Prince de Conti se joignirent à lui, & écrivirent à Mr. de V.... Il les remercia de l'honneur qu'ils lui faisaient de jetter les yeux sur lui, en leur mandant que *c'etait en effet à un vieux soldat de servir la petite-fille de son général*. La jeune personne vint donc en 1760 aux *Délices*, maison de campagne auprès de Genève, & de-là au château de Ferney. Madame Denis voulut bien achever son éducation; & au bout de trois ans Mr. de Voltaire la maria à Mr. Dupuis du pays de Gex, capitaine de dragons, & depuis officier de l'état-major. Outre la dot qu'il leur donna, & le plaisir qu'il eut de les garder chez lui, il proposa de commenter les Oeuvres de Pierre Corneille au profit de sa descendante, & de les faire imprimer par *souscription*. Le Roi de France voulut bien souscrire pour huit mille francs ; d'autres souverains l'imitèrent. Mgr. le duc de Choiseul, dont la générosité était si connue, Madame la duchesse de Grammont, Madame de Pompadour souscrivirent pour des sommes considérables. Mr. de la Borde, banquier du roi, non-seulement prit plusieurs exemplaires, mais il en fit débiter un si grand nombre qu'il fut le premier mobile de la fortune de Mademoiselle Corneille, par son zèle & par sa magnificence ; desorte qu'en très peu de tems elle eut cinquante mille francs pour présent de nôces.

Il y eut dans cette souscription si prompte une chose fort remarquable de la part de Mad. de Geofrin, femme célèbre par son mérite & par son esprit. Elle avait été exécutrice du testament du fameux Bernard de Fontenelle, neveu de Pierre Corneille ; & malheureusement il avait oublié cette parente, qui lui fut présentée trop peu de tems avant sa mort, mais qui fut rebutée avec son père & sa mère : on les regardait comme des inconnus qui usurpaient le nom de Corneille. Des amis de cette famille touchés de son sort, mais fort indiscrets & fort mal instruits, intentèrent un procès téméraire à Madame de Geofrin, trouvèrent un avocat qui abufant de la liberté du barreau, publia contre cette Dame un *Factum* injurieux. Madame de Geofrin très-injuſtement attaquée gagna le procès tout d'une voix. Malgré ce mauvais procédé qu'elle eut la nobleffe d'oublier, elle fut la première à foufcrire pour une fomme confidérable.

L'académie en corps, Mr. le duc de Choifeul, Madame la ducheffe de Grammont, Madame de Pompadour & plufieurs feigneurs donnèrent pouvoir à Mr. de Voltaire de figner pour eux au contrat de mariage. C'eſt une des plus belles époques de la littérature.

Dans le tems qu'il préparait ce mariage qui a été très-heureux, il goûtait une autre fatisfaction, celle de faire rendre à fix gentil-hommes prefque tous mineurs, leur bien paternel que les jéfuites venaient d'acheter à vil prix. Il faut reprendre la chofe de plus haut. L'affaire eſt d'autant plus intéreffante que fon commencement avait précédé la fameufe banqueroute du jéfuite Lavallette & confors, & qu'elle fut en quelque façon le premier fignal de l'abolition des jéfuites en France.

Meſſieurs Deprez de Craſſi, d'une ancienne nobleffe du pays de Gex, fur la frontière de la

Suisse, étaient six frères tous au service du Roi. L'un d'eux capitaine au régiment des Deux-Ponts, en causant avec Mr. de Voltaire son voisin, lui conta le triste état de la fortune de sa famille. Une terre de quelque valeur & qui aurait pu être une ressource, était engagée depuis longtems à des Genevois.

Les jésuites avaient acquis tout auprès de ce domaine des possessions qui composaient environ deux mille écus de rente dans un lieu nommé Ornex. Ils voulurent joindre à leur domaine celui de Messieurs de Crassi. Le supérieur de la maison des jésuites dont le véritable nom était *Fesse* qu'il avait changé en celui de *Fessi*, s'arrangea avec les créanciers Genevois pour acheter cette terre : il obtint une permission du conseil, & il était sur le point de la faire entériner à Dijon. On lui dit qu'il y avait des mineurs, & que, malgré la permission du conseil, ils pouraient rentrer dans leurs biens. Il répondit & même il écrivit que les jésuites ne risquaient rien, & que jamais Messieurs de Crassi ne seraient en état de payer la somme nécessaire pour rentrer dans le bien de leurs ayeux.

A peine Mr. de Voltaire fut-il instruit de

cette étrange manière dont le père Feffe voulait fervir la compagnie de Jéfus, qu'il alla fur le champ dépofer au greffe du bailliage de Gex la fomme moyennant laquelle la famille Craffi devait payer les anciens créanciers & reprendre fes droits. Les jéfuites furent obligés de fe défifter ; & par un arrêt du parlement de Dijon la famille fut mife en poffeffion & y eft encore.

Le bon de l'affaire c'eft que peu de tems après, lorfqu'on délivra la France des révérends pères jéfuites, ces mêmes gentil-hommes dont les bons pères avaient voulu ravir le bien, achetèrent celui des jéfuites qui était contigu. Mr. de Voltaire qui avait toujours combattu les athées & les jéfuites, écrivit qu'il fallait reconnaître une Providence.

Ce n'était affurément ni par la haine pour le père Feffe, ni par aucune envie de mortifier les jefuites qu'il avait entrepris cette affaire; puifqu'après la diffolution de la fociété il recueillit un jéfuite chez lui, & que plufieurs autres lui ont écrit pour le fupplier de les recevoir auffi dans fa maifon. Mais il s'eft trouvé parmi les ex-jéfuites quelques efprits qui n'ont pas été fi équitables & fi accommodans. Deux d'entr'eux, nommés *Patouillet*, & *Nonnote*, ont gagné quelqu'argent par des libelles contre lui ; & ils n'ont pas manqué, selon l'usage, d'appeller la religion catholique à leur secours. Un Nonnote surtout s'est signalé par une demi-douzaine de volumes, dans lesquels il a prodigué moins de science que de zèle & moins de zèle que d'injures. Mr. Damillaville l'un des meilleurs coopérateurs de l'Encyclopédie a daigné le confondre, comme autrefois Pasquier s'abaissa jusqu'à reprimer l'insolence absurde du jésuite Garasse.

Mais voici la plus étrange & la plus fatale avanture qui soit arrivée depuis longtems, & en même tems la plus glorieuse au Roi, à son conseil & à Messieurs les maitres des requètes Qui aurait cru que ce serait des glaces du *mont-Jura* & des frontières de la Suisse que partiraient les premières lumières & les premiers secours qui ont vengé l'innocence des célèbres *Calas ?* Un enfant de quinze ans Donat Calas, le dernier des fils de l'infortuné Calas était apprentif chez un marchand de Nîmes, lorsqu'il apprit par quel horrible supplice sept juges de Toulouse, malheureusement prévenus, avaient fait périr son vertueux père.

La clameur populaire contre cette famille était si violente en Languedoc, que tout le monde s'attendait à voir rouer tous les enfans de Calas, & bruler la mère. Telles avaient été même les conclusions du Procureur général; tant on prétend que cette famille innocente s'était mal défendue, accablée de son malheur, & incapable de rappeller ses esprits à la lueur des buchers & à l'aspect des roues & des tortures.

On fit craindre au jeune Donat Calas d'être traité comme le reste de sa famille; on lui conseilla de s'enfuir en Suisse: il vint trouver Mr. de Voltaire, qui ne put d'abord que le plaindre & le secourir, sans oser porter un jugement sur son père, sa mère & ses frères.

Bientôt après un de ses frères n'ayant été condamné qu'au bannissement, vint aussi se jetter entre les bras de Mr. de Voltaire. J'ai été témoin qu'il prit pendant plus d'un mois toutes les précautions imaginables pour s'assurer de l'innocence de la famille. Dès qu'il fut parvenu à s'en convaincre, il se crut
obligé

HISTORIQUE.

obligé en conscience d'employer ses amis, sa bourse, sa plume, son crédit, pour réparer la méprise funeste des sept juges de Toulouse, & pour faire revoir le procès au conseil du Roi. L'affaire dura trois années. On sait quelle gloire Messieurs de Crosne & de Bacquancourt acquirent en rapportant cette cause mémorable. Cinquante maîtres des requêtes déclarèrent d'une voix unanime toute la famille *Calas* innocente, & la recommandèrent à l'équité bienfaisante du roi. Mr le duc de Choiseul, qui n'a jamais perdu une occasion de signaler la magnimité de son caractère, non-seulement secourut de son argent cette famille malheureuse, mais obtint de sa Majesté trente-six mille francs pour elle.

Ce fut le 9 Mars 1765 que fut rendu cet arrêt authentique qui justifia les Calas, & qui changea leur destinée ; ce neuvième de Mars était précisément le même jour où ce vertueux père de famille avait été supplicié. Tout Paris courut en foule les voir sortir de prison, & battit des mains en versant des larmes. La famille entière a toûjours été depuis ce tems attachée tendrement à Mr.

F

de Voltaire qui s'eſt fait un grand honneur de demeurer leur ami.

On remarqua en ce tems qu'il n'y eut dans toute la France que le nommé Fréron, auteur de je ne ſais quelle brochure périodique intitulée *Lettres à la Comteſſe*, & enſuite *Année littéraire*, qui oſa jetter des doutes, dans ſes ridicules feuilles, ſur l'innocence de ceux que le Roi, tout ſon Conſeil & tout le Public avaient juſtifiés ſi pleinement.

Pluſieurs gens de bien engagèrent alors Mr. de Voltaire à écrire ſon traité de la Tolérance, qui fut regardé comme un de ſes meilleurs ouvrages en proſe, & qui eſt devenu le catéchiſme de quiconque a du bon ſens & de l'équité.

Dans ce tems-là même l'impératrice Catherine ſeconde, dont le nom ſera immortel, donnait des loix à ſon Empire qui contient la cinquième partie du globe : & la première de ſes loix eſt l'établiſſement d'une tolérance univerſelle.

C'était la deſtinée de nôtre ſolitaire des frontières helvétiques, de venger l'innocence accuſée & condamnée en france. La poſition de ſa retraite entre la france, la ſuiſſe, genève & la Savoye, lui attirait plus d'un infortuné. Toute la famille Sirven condamnée à la mort dans un bourg auprès de Castres, par les juges les plus ignorants & les plus cruels, se refugia auprès de ses terres. Il fut occupé huit années entières à leur faire rendre justice; & ne se rebuta jamais. Il en vint enfin à bout.

Nous croyons très-utile de remarquer ici qu'un magistrat de village nommé Trinquet, procureur du Roi dans la jurisdiction qui condamna la famille Sirven à la mort, donna ainsi ses conclusions, *Je requiers pour le Roi que N. Sirven, & N. sa femme, duement atteint & convaincus d'avoir étranglé & noyé leur fille, soient bannis de la Paroisse.*

Rien ne fait mieux voir l'effet que peut avoir dans un royaume la vénalité des charges de judicature.

Son bonheur qui voulait, à ce qu'il dit, qu'il fut l'avocat des causes perdues, voulut encor qu'il arrachat des flammes une citoyenne de St. Omer nommée Montbailly, condamnée à être brulée vive par le tribunal d'Arras. On n'attendait que l'accouchement de cette femme pour la transporter au lieu de fon fupplice. Son mari avait déja expiré fur la roue. Qui étaient ces deux victimes? deux exemples de l'amour conjugal & de l'amour maternel, deux ames les plus vertueufes dans la pauvreté. Ces innocentes & refpectables créatures, avaient été accufées de parricide, & jugées fur des allégations qui auraient paru ridicules aux condamnateurs mêmes des Calas. Mr. de Voltaire fut affez heureux pour obtenir de Mr. le chancelier de Maupeou, qu'il fit revoir le procès. La Dame Montbailly fut déclarée innocente; la mémoire de fon mari réhabilitée, miférable réhabilitation fans vengeance & fans dédommagements. Quelle a donc été la jurifprudence criminelle parmi nous! quelle fuite infernale d'horribles affaffinats depuis la boucherie des Templiers jufqu'à la mort du chevalier de la Barre! on croit lire l'hiftoire des fauvages; on frémit un moment, & on va à l'opéra.

La ville de Genève était plongée alors dans des troubles qui augmentèrent toujours depuis 1763. Cette importunité détermina Mr. de Voltaire à laiffer à Mrs. Tronchin fa maifon des Délices, & à ne plus quitter le chateau de Ferney, qu'il avait fait bâtir de fond en comble, & orné des jardins d'une agréable simplicité.

La discorde fut enfin si vive à Genève, qu'un des partis fit feu sur l'autre le 15ᵉ Février 1770. Il y eut du monde tué: plusieurs familles d'artistes cherchèrent un azile chez lui & le trouvèrent. Il en logea quelques-unes dans son château, & en peu d'années il fit bâtir cinquante maisons de pierre de taille pour les autres. De sorte que le village de Ferney qui n'était, lorsqu'il acquit cette terre, qu'un misérable hameau où croupissaient quarante-neuf malheureux païsans, dévorés par la pauvreté, par les écrouelles, & par les commis des fermes, devint bientôt un lieu de plaisance, peuplé de douze cent personnes, toutes à leur aise, & travaillant avec succès pour elles & pour l'état. Mr. le duc de Choiseul protégea de tout son pouvoir cette colonie naissante qui établit un très-grand commerce.

Une chose qui mérite je crois de l'attention, c'est que cette colonie se trouvant composée de catholiques & de protestants, il aurait été impossible de deviner qu'il y eut dans Ferney deux religions différentes. J'ai vu les femmes des colons genevois & suisses, préparer de leurs mains trois reposoirs pour la procession de la fête du St. Sacrement. Elle assistèrent à cette procession avec un profond respect, & Mr. Hugonet nouveau curé de Ferney, homme aussi tolérant que généreux, les en remercia publiquement dans son prône. Quand une catholique était malade, les protestantes allaient la garder, & en recevaient à leur tour la même assistance.

C'était le fruit des principes d'humanité que Mr. de Voltaire a répandus dans tous ses ouvrages, & surtout dans le livre de la tolérance dont nous avons parlé. Il avait toujours dit que les hommes sont frères; & il le prouva par les faits. Les Guyons, les Nonottes, les Patouillet, les Paulian & autres zélés, le lui ont bien reproché. C'est qu'ils n'étaient pas ses frères.

Voyez-vous, disait-il, aux voyageurs qui venaient le voir, cette inscription au dessus de l'église que j'ai fait bâtir Deo Erexit. C'est au Dieu père commun de tous les hommes. En effet c'était peut-être parmi nous la seule église dédiée à Dieu seul.

HISTORIQUE.

Parmi ces étrangers qui vinrent en foule à Ferney, on compta plus d'un prince souverain. Il fut honoré d'une correspondance très-suivie avec plusieurs d'entr'eux dont les lettres sont entre mes mains. La moins interrompue, fut celle de Sa Majesté le Roi de Prusse & de Madame Willelmine Margrave de Bareith sa sœur.

Le tems qui s'écoula entre la bataille de Kollin (le 18 Juin 1757) que le Roi de Prusse perdit, & la journée de Rosbac du 5 Novembre où il fut vainqueur, est le tems le plus intéressant de cette correspondance, rare entre une maison royale de héros & un simple homme de lettres. En voici une grande preuve dans cette lettre mémorable.

LETTRE

de son Altesse Royale Madame la Princesse de Bareith du 12ᵉ 7bre. 1757.

,, Votre lettre m'a sensiblement touchée,
,, celle que vous m'avez adressée pour le Roi
,, a fait le même effet sur lui. J'espère que vous
,, serez satisfait de sa réponse pour ce qui
,, vous concerne. Mais vous le serez aussi peu

,, que moi de fes réfolutions. Je m'étais flat-
,, tée que vos réflexions feraient quelque im-
,, preſſion ſur ſon eſprit. Vous verrez le con-
,, traire dans le billet ci-joint. Il ne me reſte
,, qu'à ſuivre ſa deſtinée, ſi elle eſt malheu-
,, reuſe. Je ne me ſuis jamais piquée d'être
,, philoſophe, j'ai fait mes efforts pour le de-
,, venir. Le peu de progrès que j'ai fait m'a
,, apris à mépriſer les grandeurs & les richeſ-
,, ſes, mais je n'ai rien trouvé dans la phi-
,, loſophie qui puiſſe guérir les plaies du cœur
,, que le moyen de s'affranchir de ces maux
,, en ceſſant de vivre. L'état où je ſuis eſt
,, pire que la mort. Je vois le plus grand hom-
,, me du ſiècle, mon frère, mon ami, réduit
,, à la plus affreuſe extrèmité. Je vois ma fa-
,, mille entière expoſée aux dangers & aux
,, périls; ma patrie déchirée par des impi-
,, toyables ennemis. Le pays où je ſuis peut-
,, être menacé de pareils malheurs. Plut au
,, ciel que je fuſſe chargée toute ſeule des
,, maux que je viens de vous décrire, je les
,, ſouffrirais & avec fermeté.

,, Pardonnez moi ce détail. Vous m'enga-
,, gez par la part que vous prenez à ce qu'il
,, me regarde, de vous ouvrir mon cœur.

,, Hélas ! l'efpoir en eft prefque banni. La
,, fortune, lors qu'elle change eft auffi conf-
,, tante dans fes perfécutions que dans fes
,, faveurs. L'hiftoire eft pleine de ces exem-
,, ples, mais je n'y en ai point trouvé de pareil
,, à celui que nous voyons, ni une guerre
,, auffi inhumaine & cruelle parmi des peu-
,, ples policés. Vous gémiriez fi vous fa-
,, viez la trifte fituation de l'Allemagne & de
,, la Pruffe. Les cruautés que les Ruffes
,, commettent dans cette dernière font fré-
,, mir la nature. Que vous êtes heureux dans
,, votre hermitage, où vous vous repofés fur
,, vos lauriers, & ou vous pouvez philofo-
,, pher de fang froid fur l'égarement des hom-
,, mes. Je vous y fouhaite tout le bonheur
,, imaginable. Si la fortune nous favorife en-
,, core, comptez fur toute ma reconnaiffance,
,, & je n'oublierai jamais les marques d'atta-
,, chement que vous m'avez données ; ma
,, fenfibilité vous en eft garant, je ne fuis
,, jamais amie à demi, & je le ferai toujours
,, véritablement de frère Voltaire.

WILHELMINE.

Bien des complimens à Mad. Denis ; continuez, je vous prie d'écrire au Roi.

On voit par cette lettre auſſi attendriſſante que bien écrite, qu'elle était la belle ame de la Margrave de Bareith, & combien elle méritait les éloges que lui donna Mr. de Voltaire en pleurant ſa mort, dans une ode imprimée parmi ſes autres ouvrages. Mais on voit ſurtout quels déſaſtres épouvantables attirent ſur les peuples des guerres légérement entrepriſes par les Rois; on voit à quoi ils s'expoſent eux-mêmes & à quel point ils ſont malheureux de faire le malheur des nations.

Le ſolitaire de Ferney donna dès ce moment & dans la ſuite de cette guerre funeſte, toutes les marques poſſibles de ſon attachement à Madame la Margrave, de ſon zèle pour le Roi ſon frère, & de ſon amour pour la paix. Il engagea le cardinal de Tencin, retiré alors à Lyon, à entrer en correſpondance avec Madame de Bareith pour ménager cette paix ſi déſirable. Les lettres de cette Princeſſe & celle du cardinal paſſaient par Genève dans un pays neutre, & par les mains de Mr. de Voltaire.

Ce ſera une époque ſingulière que la réſolution priſe par le roi de Pruſſe après tous les malheurs qui furent les ſuites de la battaille de Kollin, d'aller affronter vers la Saxe auprès de Mersbourg, les armées françaises & autrichiennes combinées, fort supérieures en nombre, tandis que le maréchal de Richelieu n'était pas loin avec une armée victorieuse. Ce Monarque avait eu assez de présence d'esprit, & fut assez maître de ses idées au milieu de ses infortunes pour faire son testament en vers. Il n'y cachait point ses malheurs, mais il en parlait en philosophe, & regardait la mort d'un œil ferme & tranquille. Nous avons cette pièce qui est un monument sans exemple, écrite toute entière de sa main.

Nous avons un monument encor plus héroïque de ce Prince philosophe : c'est une lettre à Mr. de Voltaire du 9 Août, vingt-cinq jours avant sa victoire de Rosback :

„ Je suis homme, il suffit, & né pour la souffrance :
„ Aux rigueurs du destin j'oppose ma constance.

„ Mais avec ces sentimens, je suis bien loin
„ de condamner Caton & Othon. Le dernier
„ n'a eu de beau moment en sa vie que
„ celui de sa mort

„ Voltaire dans son hermitage
„ Peut s'adonner en paix à la vertu du sage

„ Dont Platon nous traça la loi :
„ Pour moi, menacé du naufrage,
„ Je dois en affronter l'orage,
„ Penfer, vivre & mourir en Roi. "

Rien n'eft plus beau que ces derniers vers; rien n'eft plus grand. Corneille dans fon bon tems ne les eut pas mieux faits. Et quand, après de tels vers, on gagne une bataille le fublime ne peut aller plus loin.

Le Cardinal de Tencin continua toujours, mais en vain, fes négociations fecrettes pour la paix, comme on le voit par fes lettres. Ce fut enfin le duc de Choifeul qui entama ce grand ouvrage fi néceffaire; & le duc de Pràlin qui l'accomplit: fervice fignalé qu'ils rendirent à la France apauvrie & défolée.

Elle était dans un état fi déplorable que pendant douze années de paix qui fuivirent cette guerre funefte, de tous les miniftres des finances qui fe fuccédèrent rapidement, il n'y en eut pas un qui, avec la meilleure volonté, & les travaux les plus affidus, put parvenir à pallier feulement les playes de l'Etat. La difette d'argent était au point qu'un Contrôleur général fut obligé, dans une néceffité preffante, de faifir chez Mr. Magon banquier du Roi, tout l'argent que des citoyens y avaient mis en dépôt. On prit à notre folitaire deux-cent mille francs. C'était une perte énorme ; il s'en confola à la manière françaife ; par un madrigal qu'il fit fur le champ, en apprenant cette nouvelle.

> Au tems de la grandeur romaine
> Horace difait a Mécène
> Quand ceff rez vous de donner ?
> Chez le Welche on n'eft pas fi tendre.
> Je dois dire mais fans douleur
> A Monfeigneur le Contrôleur,
> Quand cefferez vous de me prendre ?

On ne ceffa point. Monfieur le duc de Choifeul qui fefait conftruire alors un port magnifique à Verfoy fur le lac leman, qu'on appelle le lac de Genève, y ayant fait bâtir une petite frégate, cette frégate fut faifie par des favoyards créanciers des entrepreneurs, dans un port de favoye près du fameux Ripaille ; Mr. de Voltaire racheta incontinent ce bâtiment royal de fes propres deniers, & ne put en être rembourfé par le gouvernement : car Mr. le duc de Choifeul perdit en ce tems-là même tous fes emplois, & fe retira, à fa terre de Chanteloup, regretté non-feulement de tous fes amis, mais de toute la france qui admirait fon caractère bienfaifant, la nobleffe de fon ame, & qui rendait juftice à fon efprit fupérieur.

Nôtre folitaire lui était tendrement attaché par les liens de la reconnaiffance. Il n'y a forte de grace que Mr. le duc de Choifeul n'eut accordée à fa recommandation. Il avait fait un neveu de Mr. de Voltaire, nommé Mr. de la Houlière, brigadier des armées du Roi. Penfions, gratifications, brevets, croix de St. Louis avaient été données dès qu'elles avaient été demandées.

Rien ne fut plus douloureux pour un homme qui lui avait tant de grandes obligations, & qui venait d'établir une colonie d'artiftes & de manufacturiers fous fes aufpices. Déja fa colonie travaillait avec fuccès pour l'efpagne, pour l'allemagne, pour la hollande, l'italie. Il la crut ruinée; mais elle fe foutint. La feule Impératrice de Ruffie acheta bientôt après dans le fort de fa guerre contre les Turcs pour cinquante mille francs de montres de Ferney. On ne ceffe de s'étonner quand on voit dans le même tems cette Souveraine acheter pour un million de tableaux tant en hollande qu'en france, & pour quelques millions de pierreries.

Elle avait fait un préfent de cinquante mille livres à Mr. Diderot avec une grace & une circonfpection qui relevaient bien le prix de fon préfent. Elle avait offert à Mr. d'Alembert de le mettre à la tête de l'education de fon fils avec foixante mille livres de rente. Mais ni la fanté, ni la philofophie de Mr. d'Alembert ne lui avaient permis d'accepter à Pétersbourg un emploi égal à celui de Mr. le duc de la Vauguion à Verfailles. Elle envoya Mr. le Prince de Koslousky préfenter de fa part à Mr. de Voltaire les plus magnifiques peliſſes, & une boëte tournée de fa main même, ornée de fon portrait & de vingt diamants. On croirait que c'eſt l'hiſtoire d'Aboulcaſſem dans les mille & une nuit.

Mr. de Voltaire lui mandait qu'il fallait qu'elle eut pris tout le tréfor de Mouſtapha dans une de fes victoires, & elle lui répondit *qu'avec de l'ordre on était toujours riche, & qu'elle ne manquerait dans cette grande guerre ni d'argent, ni de foldats.* Elle a tenu parole.

Cependant, le fameux fculpteur Mr. Pigal

travaillait dans Paris à la ſtatue du ſolitaire caché dans Ferney. Ce fut une étrangère qui propoſa un jour en 1770 à quelques véritables gens de Lettres de lui faire cette galanterie pour le vanger de tous les plats libelles & des calomnies ridicules que le fanatiſme & la baſſe littérature ne ceſſaient d'accumuler contre lui. Madame Neker femme du Réſident de Genève conçut ce projet la première. C'était une dame d'un eſprit très-cultivé & d'un caractère ſupérieur s'il ſe peut à ſon eſprit. Cette idée fut ſaiſie avidement par tous ceux qui venaient chez elle, à condition qu'il n'y aurait que des gens de Lettres qui ſouſcriraient pour cette entrepriſe.

Le Roi de Pruſſe en qualité d'homme de Lettres, & ayant aſſurément plus que perſonne droit à ce titre, & à celui de génie, écrivit au célèbre Mr. d'Alembert, & voulut être des premiers à ſouſcrire. Sa lettre du 28 Juillet 1770 eſt conſignée dans les archives de l'académie.

„ Le plus beau monument de Voltaire eſt
„ celui qu'il érige lui-même, ſes ouvrages.
„ Ils ſubſiſteront plus longtems que la baſili-
„ que de St. Pierre, le louvre, & tous ces
bâti-

„ bâtiments que la vanité confacre à l'éter-
„ nité. On ne parlera plus français, que Vol-
„ taire fera encore traduit dans la langue qui
„ lui aura fuccédé. Cependant, rempli du
„ plaifir que m'ont fait fes productions fi
„ variées, & chacune fi parfaite en leur genre,
„ je ne pourais fans ingratitude me refufer à
„ la propofition que vous me faites de con-
„ tribuer au monument que lui élève la recon-
„ naiffance publique. Vous n'avez qu'à m'in-
„ former de ce qu'on exige de ma part, je
„ ne refuferai rien pour cette ftatue, plus
„ glorieufe pour les gens de Lettres qui la
„ lui confacrent que pour Voltaire même.
„ On dira que dans ce dix-feptiéme fiècle, où
„ tant de gens de Lettres fe déchirent par en-
„ vie, il s'en eft trouvé d'affez nobles, d'affez
„ généreux, pour rendre juftice à un homme
„ doué de génie & de talents fupérieurs à
„ tous les fiècles; que nous avons mérité de
„ poffeder Voltaire; & la poftérité la plus
„ reculée nous enviera encor cet avantage.
„ Diftinguer les hommes célèbres, rendre
„ juftice au mérite, c'eft encourager les ta-
„ lents & les vertus. C'eft la feule récom-
„ penfe des belles ames, elle eft bien due à

G

,, tous ceux qui cultivent fupérieurement les
,, lettres. Elle procurent les plaifirs de l'ef-
,, prit plus durables que ceux du corps ; elles
,, adouciffent les mœurs les plus féroces ; elles
,, répandent leur charmes fur tout le cours de
,, la vie ; elles rendent notre exiftence fup-
,, portable & la mort moins affreufe. Conti-
,, nuez donc, Meffieurs, de protéger & de
,, célèbrer ceux qui s'y appliquent, & qui
,, ont le bonheur en France d'y réuffir. Ce
,, fera ce que vous pourez faire de plus glo-
,, rieux pour votre nation.
FRÉDERIC.

Le Roi de Pruffe fit plus. Il fit exécuter une ftatue de fon ancien ferviteur dans fa belle manufacture de porcelaine, & la lui envoya avec ce mot gravé fur la baze. *Immortali*. Mr. de Voltaire écrivit au deffous.

> Vous êtes généreux. Vos bontés fouveraines
> Me font de trop nobles préfens.
> Vous me donné fur mes vieux ans
> Une terre dans vos domaines.

Mr. Pigal fe chargea d'exécuter la ftatue en France avec le zèle d'un artifte qui en immortalifait un autre. Cette avanture alors unique deviendra bientôt commune. On érigera des ſtatues ou du moins des buſtes aux artiſtes comme la mode eſt venue de crier *l'Auteur, l'Auteur*, dans le parterre. Mais celui à qui l'on faiſait cet honneur prévoyait bien que ſes ennemis n'en ſeraient que plus acharnés. Voici ce qu'il en écrivit à Mr. Pigal d'un ſtile peut-être un peu trop burleſque.

<blockquote>

Monſieur Pigal, vôtre ſtatue.
Me fait mille fois trop d'honneur.
Jean Jaque a dit avec candeur
Que c'eſt à lui quelle était due. (*)
Quand vôtre ciſeau s'évertue
A ſculpter vôtre ſerviteur,
Vous agacez l'eſprit railleur
De certain peuple rimailleur
Qui depuis ſi longtems me hue.
L'ami Fréron le barbouilleur

</blockquote>

(*) Jean Jaques Rouſſeau de Genève, dans une lettre à Mr. l'archevêque de Paris, qu'il intitule, *Jean Jaques à Chriſtophe*, dit modeſtement qu'il eſt devenu homme de Lettres par ſon mépris pour cet état. Et après avoir prié Chriſtophe de lire ſon roman de la ſuiſſeſſe Héloïſe, qui étant fille accouche d'un faux-germe, il conclut page 127, que tous les gouvernemens bien policés, lui doivent élever des ſtatues.

D'écrits qu'on jette dans la rue,
Sourdement de sa main crochue
Mutilera vôtre labeur.

Attendez que le destructeur,
Qui nous consume & qui nous tue,
Le tems, aidé de mon pasteur,
Ait d'un bras exterminateur
Enterré ma tête chenue.

Que feriez vous d'un pauvre auteur
Dont la taille & le cou de grue,
Et la mine très-peu jouflue
Feront rire le connaisseur.

Sculptez nous quelque beauté nue
De qui la chair blanche & dodue
Séduise l'œil du spectateur,
Et qui dans nos sens insinue
Ces doux desirs & cette ardeur
Dont Pigmalion le sculpteur,
Vôtre digne prédécesseur
Brula, si la fable en est crue.

Son marbre eut un esprit, un cœur;
Il eut mieux, dit un grave auteur,
Car soudain fille devenue
Cette fille resta pourvue
Des doux appas que sa pudeur
Ne dérobait point à la vue.
Même elle fut plus dissolue
Que son père & son créateur.
C'est un exemple très-flatteur
Il faut bien qu'on le perpétue.

Il avait bien raison de dire que cet honneur inespéré qu'on lui fesait, déchainerait contre lui les écrivains du pont-neuf & du fanatisme. Il écrivit à Mr. Tiriot, *tous ces messieurs méritent bien mieux des statues que moi ; & j'avoue qu'il en est quelques-uns très-dignes d'être en effigie dans la place publique.*

Les Nonottes, les Frérons, les Sabotiers & consorts jettérent les hauts cris. Celui qui le persécutait avec le plus de cruauté & d'absurdité, était un montagnard étranger plus propre à ramoner des cheminées qu'à diriger des consciences. Cet homme qui était très-familier écrivit cordialement au Roi de France, de couronne à couronne, il le pria de lui faire le plaisir de chasser un vieillard de soixante & quinze ans & très malade, de la propre maison qu'il avait fait bâtir, des champs qu'il avait fait défricher & de l'arracher à cent familles qui ne subsistaient que par lui. Le Roi trouva la proposition très malhonnête & peu chrétienne, & le fit dire au capelan.

Le solitaire de Ferney étant malade & n'ayant rien à faire, ne voulut se venger de cette petite manœuvre que par le plaisir de se faire donner l'extrême-onction par exploit, selon l'usage qui se pratiquait alors. Il se comporta comme ceux qu'on appellait janfénistes à Paris, il fit signifier par un huissier à son curé nommé *Gros* (bon yvrogne qui s'est tué depuis à force de boire,) que le dit curé eut à le venir oindre dans sa chambre au 1er. Avril sans faute : le curé vint & lui remontra qu'il fallait d'abord commencer par la communion, & qu'ensuite il lui donnerait tant de saintes huiles qu'il voudrait. Le malade accepta la proposition ; il se fit aporter la communion dans sa chambre le 1er. Avril, & là en présence de témoins, il déclara par devant Notaire, *qu'il pardonnait à son calomniateur qui avait tenté de le perdre & qui n'avait pu y réussir*. Le procès verbal en fut dressé.

Il dit après cette cérémonie, j'ai eu la satisfaction de mourir comme Gusman dans Alzire, & je m'en porte mieux. Les plaisants de Paris croiront que c'est un poisson d'Avril.

L'ennemi un peu étonné de cette avanture ne se piqua pas de l'imiter ; il ne pardonna point ; & n'y sçut autre chose que faire supposer une déclaration du malade, toute différente de celle qui était authentique, faite par devant Notaire, signée du testateur & des témoins, duement légalisée & contrôlée. Deux faussaires rédigèrent donc quinze jours après une contre-profession de foi en patois savoyard; mais on n'osa pas supposer le seing de celui auquel on avait eu la bêtise de l'attribuer; voici la Lettre que Mr. de V.... écrivit sur ce sujet.

„ Je ne sais point mauvais gré à ceux
„ qui m'ont fait parler saintement dans un
„ stile si barbare & si impertinent. Ils ont
„ pu mal exprimer mes sentiments vérita-
„ bles; ils ont pu redire dans leur jargon
„ ce que j'ai publié si souvent en français,
„ ils n'en ont pas moins exprimé la sub-
„ stance de mes opinions. Je suis d'accord
„ avec eux; je m'unis à leur foi; mon
„ zèle éclairé seconde leur zèle ignorant;
„ je me recommande à leurs prières sa-
„ voyardes. Je suplie seulement les pieux
„ faussaires qui ont fait rédiger l'acte du
„ 15 Avril, de vouloir bien considérer
„ qu'il ne faut jamais faire d'actes faux en
„ faveur de la vérité. Plus la religion ca-

„ tholique eſt vraie, (comme tout le monde
„ le ſait) moins on doit mentir pour elle.
„ Ces petites libertés trop communes auto-
„ riſeraient d'autres impoſtures plus funeſ-
„ tes, bientôt on ſe croirait permis de fa-
„ briquer de faux teſtaments, de fauſſes do-
„ nations, de fauſſes accuſations pour la
„ gloire de Dieu. De plus horribles falſifi-
„ cations ont été employées autrefois.

„ Quelques-uns de ces prétendus témoins
„ ont avoué qu'ils avaient été ſubornés,
„ mais qu'ils avaient cru bien faire. Ils ont
„ ſigné qu'ils n'avaient menti qu'à bonne
„ intention.

„ Tout celà s'eſt opéré charitablement, ſans
„ doute à l'exemple des retractations impu-
„ tées à Mrs. de Monteſquieu, de la Cha-
„ lotais, de Montclar & de tant d'autres. Ces
„ fraudes pieuſes ſont à la mode depuis en-
„ viron ſeize cent ans. Mais quand, cette
„ bonne œuvre va juſqu'au crime de faux,
„ on riſque beaucoup dans ce monde en at-
„ tendant le royaume des cieux. "

Notre ſolitaire continua donc gaiement à
faire un peu de bien quand il le pouvait,
en ſe moquant de ceux qui feſaient triſte-

ment du mal, & en fortifiant fouvent par des plaifanteries les vérités les plus férieufes.

Il avoua qu'il avait pouffé trop loin cette raillerie contre quelques-uns de fes ennemis. J'ai tort, dit-il, dans une de fes lettres; mais ces Meffieurs m'ayant attaqué pendant quarante ans, la patience m'a échappé dix ans de fuite.

La révolution faite dans tous les Parlemens du Royaume en 1771, devait l'embaraffer. Il avait deux neveux, dont l'un entrait au Parlement de Paris, tandis que l'autre en fortait: tous deux d'un mérite diftingué, & d'une probité incorruptible, mais engagés l'un & l'autre dans des partis oppofés. Il ne ceffa de les aimer également tous deux; & d'avoir pour eux les mêmes attentions. Mais il fe déclara hautement pour l'abolliffement de la vénalité, contre laquelle nous avons déja cité les paroles énergiques du marquis d'Argenfon. Le projet de rendre la juftice gratuitement comme St. Louis, lui paraiffait admirable. Il écrivit furtout en faveur des malheureux plaideurs qui étaient depuis quatre fiècles obligés de courir à cent-cinquante lieues de leurs chaumières pour achever de se ruiner dans la capitale, soit en perdant leur procès, soit même en le gagnant. Il avait toujours manifesté ces sentimens dans plusieurs de ses écrits; & il fut fidèle à ses principes sans faire sa cour à personne.

Il avait alors soixante & dix-huit ans; & cependant en une année il refit la *Sophonisbe de Mairet* toute entière; & composa la tragédie des *Loix de Minos*. Il ne regardait pas ces ouvrages faits à la hâte pour le théatre de son château, comme de bonne pièces. Les connaisseurs ne dirent pas beaucoup de mal des Loix de Minos. Mais il faut avouer que les ouvrages dramatiques qui n'ont pas paru sur la scène, & ceux qui n'en sont pas restés longtems en possession, ne servent qu'à grossir inutilement la foule des brochures dont l'Europe est surchargée; de même que les tableaux & les estampes qui n'entrent point dans les cabinets des amateurs, restent comme s'ils n'étaient pas.

L'an 1774, il eut une occasion singulière d'employer le même empressement qu'il avait eu le bonheur de signaler dans les funestes avantures des Calas & des Sirven.

Il apprit qu'il y avait à Vesel dans les troupes du Roi de Pruſſe un jeune gentilhomme Français, d'un mérite modeſte, & d'une ſageſſe rare. Ce jeune homme n'était que ſimple volontaire. C'était le même qui avait été condamné dans Abbeville, au ſupplice des parricides avec le chevalier de la Barre, pour ne s'être pas mis à genoux pendant la pluie devant une proceſſion de capucins, laquelle avait paſſé à cinquante ou ſoixante pas d'eux.

On avait ajouté à cette charge celle d'avoir chanté une chanſon grivoiſe de corps - de-garde, faite depuis environ cent ans, & d'avoir récité l'ode à Priape de Piron. Cette ode de Piron était une débauche d'eſprit & de jeuneſſe, dont l'emportement fut jugé ſi pardonnable par le Roi de France Louis XV, qu'ayant ſçu que l'auteur était très-pauvre, il le gratifia d'une penſion ſur ſa caſſette. Ainſi celui qui avait fait la pièce fut récompenſé par un bon Roi, & ceux qui l'avaient récitée furent condamnés par des barbares de village au plus épouvantable ſupplice.

Trois juges d'Abbeville avaient conduit la procédure ; leur ſentence portait, que le chevalier de la Barre, & ſon jeune ami dont je parle, feraient appliqués à la torture ordinaire & extraordinaire, qu'on leur couperait le poing, qu'on leur arracherait la langue avec des tenailles, & qu'on les jetterait vivans dans les flammes.

Des trois juges qui rendirent cette fentence, deux étaient abfolument incompétens ; l'un parce qu'il était l'ennemi déclaré des parens de ces jeunes gens ; l'autre parce que s'étant fait autrefois recevoir avocat, il avait depuis acheté & exercé un emploi de procureur dans Abbeville ; que fon principal métier était celui de marchand de bœufs & de cochons ; qu'il y avait contre lui des fentences des confuls de la ville d'Abbeville, & que depuis il fut déclaré par la cour des Aides, incapable d'exercer aucune charge municipale dans le royaume.

Le troifième juge intimidé par les deux autres eut la faibleffe de figner, & en eut enfuite des remords auffi cuifans qu'inutiles.

Le chevalier de la Barre fut exécuté à l'étonnement de toute l'Europe, qui en friffonne encor d'horreur. Son ami fut condamné par contumace, ayant toujours été dans le pays étranger avant le commencement du procès.

Ce jugement si exécrable & en même tems si absurde, qui a fait un tort éternel à la nation Française, était bien plus condamnable que celui qui fit rouer l'innocent Calas. Car les juges de Calas ne firent d'autre faute que celle de se tromper ; & le crime des juges d'Abbeville fut d'être barbares en ne se trompant pas. Ils condamnèrent deux enfans innocens à une mort aussi cruelle que celle de Ravaillac & de Damiens, pour une légéreté qui ne méritait pas huit jours de prison. L'on peut dire que depuis la St. Barthelemi il ne s'était rien passé de plus affreux. Il est triste de rapporter cet exemple d'une férocité brutale, qu'on ne trouverait pas chez les peuples les plus sauvages ; mais la vérité nous y oblige. On doit surtout remarquer que c'est dans les tems du plus grand luxe sous l'empire de la mollesse & de la dissolution la plus effrénée que ces horreurs ont été commises par piété.

Mr. de Voltaire ayant donc sçu qu'un de ces jeunes gens, victime du plus détestable fanatisme qui ait jamais souillé la terre, était dans un régiment du Roi de Prusse, en donna avis à ce Monarque, qui sur le champ eut la générofité de le faire officier. Le roi de Pruffe s'informa plus particuliérement de la conduite du jeune gentilhomme; il fut qu'il avait appris fans maître l'art du génie & du deffein; il fut combien il était fage, réfervé, vertueux; combien fa conduite condamnait fes prétendus juges d'Abbeville. Il daigna l'appeller auprès de fa perfonne, lui donna une compagnie, le créa fon ingénieur, l'honora d'une penfion, & répara ainfi par la bienfaifance le crime de la barbarie & de la fottife. Il écrivit à Mr. de Voltaire dans les termes les plus touchans, tout ce qu'il daignait faire pour ce militaire auffi eftimable qu'infortuné. Nous avons été tous témoins de cette avanture fi horriblement deshonorante pour la France, & fi glorieufe pour un Roi philofophe. Ce grand exemple inftruira les hommes, mais les corrigera-t-il ?

Immédiatement après notre vieillard rechauffa les glaces de fon âge pour profiter des vues patriotiques d'un nouveau miniftre, qui le premier en France débuta par être le père du peuple. La patrie que Mr. de Voltaire s'était choifie dans le pays de Gex, eft une langue de terre de cinq à fix lieues fur deux, entre le mont Jura, le lac de Genève, les Alpes & la Suisse. Ce pays était infesté par environ quatre-vingt sbires des aides & gabelles, qui abusaient de la dignité de leur bandolière pour vexer horriblement le peuple à l'insçu de leurs maîtres. Le pays était dans la plus effroyable misère. Il fut assez heureux pour obtenir du bienfesant ministre un traité par lequel cette solitude (je n'ose pas dire province,) fut délivrée de toute vexation ; elle devint libre & heureuse. Je devrais mourir après cela, dit-il, car je ne puis monter plus haut.

Il ne mourut pourtant pas cette fois-là; mais son noble émule, son illustre adversaire Catherin Fréron mourut. Une chose assez plaisante à mon gré, c'est que Mr. de Voltaire reçut de Paris une invitation de se trouver à l'enterrement de ce pauvre diable. Une femme qui était apparemment de la famille, lui écrivit une lettre anonyme que j'ai entre les mains ; elle lui proposait très-sérieusement de marier la fille de Fréron, puisqu'il avait marié la descendante de Corneille. Elle l'en conjurait avec beaucoup d'instance ; & elle lui indiquait le curé de la Madelaine à Paris, auquel il devait s'adresser pour cette affaire. Mr. de Voltaire me dit, si Fréron a fait le Cid, Cinna & Polyeucte, je marierai la fille sans difficulté.

Il ne recevait pas toujours des lettres anonymes. Un Mr. Clément lui en adressait plusieurs au bas desquelles il mettait son nom. Ce Clément maître de quartier dans un collége de Dijon, & qui se donnait pour maître dans l'art de raisonner, & dans l'art d'écrire, était venu à Paris vivre d'un métier qu'on peut faire sans apprentissage. Il se fit folliculaire. Mr. l'abbé de Voisenon écrivit *Zoïle genuit Mevium, Mevius genuit Giot DesFontaines, Giot autem genuit Freron, Freron autem genuit Clement*, & voilà comme on dégénère dans les grandes maisons. Ce Mr. Clément avait attaqué le marquis de St. Lambert, Mr. de Lille & plusieurs autres membres de l'Académie avec une véhémence que n'ont pas les plaideurs les plus acharnés quand il s'agit de toute leur fortune. Dequoi s'agissait-il? De quelques vers. Cela ressemble au docteur de Molière, qui écume de colère de ce qu'on a dit forme de chapeau, & non pas figure de chapeau. Voici ce que Mr. de Voltaire en écrivit à Mr. l'abbé de Voisenon.

„ Il

„ . . . .
„ Il est bien vrai que l'on m'annonce
„ Les lettres de maître Clément.
„ Il a beau m'écrire souvent,
„ Il n'obtiendra point de réponse.
„ Je ne ferai pas assez sot
„ Pour m'embarquer dans ces querelles.
„ Si c'eut été Clément Marot
„ Il aurait eu de mes nouvelles.

» Mais pour Mr. Clément tout court, qui
» dans un volume beaucoup plus gros que
» la Henriade, me prouve que la Henriade
» ne vaut pas grand-chose, hélas! il y a soi-
» xante ans que je le savais comme lui. J'a-
» vais débuté à vingt & un an par le second
» chant de la Henriade. J'étais alors tel qu'est
» aujourd'hui Mr. Clément, je ne savais de
» quoi il était question. Au lieu de faire un
» gros livre contre moi, que ne fait-il une
» Henriade meilleure? cela est si aisé! "

Il y a des sortes d'esprits qui ayant contracté l'habitude d'écrire, ne peuvent y renoncer dans la plus extrême vieillesse: tels furent Huet & Fontenelle. Notre auteur quoiqu'accablé d'années & de maladies travailla toujours gaîment. L'épitre à Boileau, l'épitre à Horace, la Tactique, le Dialogue de Pégaze &

H

du Vieillard, Jean qui pleure & qui rit, & plusieurs petites pièces dans ce goût, furent écrites à quatre-vingt-deux ans. Et il fit plus des trois quarts des *Questions sur l'Encyclopédie*, avec deux ou trois hommes de lettres. On faisait plusieurs éditions à la fois de chaque volume à mesure qu'il en paraissait un. Ils sont tous imprimés assez incorrectement.

Il y a sur l'article *Messie* un fait assez étrange, & qui montre que les yeux de l'envie ne sont pas toujours clairvoyants. Cet article *Messie*, déjà imprimé dans la grande Encyclopédie de Paris, est de Mr. Polier de Bottens, premier pasteur de l'église de Lausanne, homme aussi respectable par sa vertu que par son érudition. L'article est sage, profond, instructif. Nous en possédons l'original écrit de la propre main de l'auteur. On crut qu'il était de Mr. de Voltaire, & on y trouva cent erreurs. Dès qu'on sçut qu'il était d'un prêtre, l'ouvrage fut très-chrétien.

Parmi ceux qui tombèrent dans ce piège, il faut daigner compter l'ex-jésuite *Nonotte*. C'est ce même homme qui s'avisa de nier qu'il y eut dans le Dauphiné une petite ville de Livron, assiégée par l'ordre de *Henri trois*; qui ne savait pas que des Rois de la première race avaient eu plusieurs femmes à la fois; qui ignorait qu'*Eucherius* était le premier auteur de la fable de la Légion Thébaine. C'est lui qui écrivit deux volumes contre l'*Histoire de l'esprit & des mœurs des nations*, & qui se méprit à chaque page de ces deux volumes. Son livre se vendit, parce qu'il attaquait un homme connu.

Le fanatisme de ce Nonotte était si parfait, que dans je ne sais quel *Dictionnaire philosophique, religieux, ou anti-philosophique*, il assure, à l'article *Miracle*, qu'une hostie percée à coup de canif, dans la ville de Dijon, répandit vingt palettes de sang; & qu'une autre hostie, ayant été jettée au feu dans Dôle, s'en alla voltigeant sur l'autel. Frère Nonotte, pour démontrer la vérité de ces deux faits, cite deux vers latins d'un président Boisvin, Francomtois.

Impie, quid dubitas hominemque Deumque fateri?
Se probat esse hominem sanguine, & igne Deum.

Ce qui signifie, en réduisant ces deux vers impertinents à un sens clair:

„ Impie, pourquoi héſites-tu à confeſſer
„ un Homme-Dieu ? Il prouve qu'il eſt hom-
„ me par le ſang, & Dieu par les flammes. "

On ne peut mieux prouver : & c'eſt ſur cette preuve que Nonotte s'extaſie en diſant : *telle eſt la manière dont on doit procéder pour régler ſa créance ſur les miracles.*

Mais ce bon Nonotte, en réglant ſa créance ſur des injures de théologien, & ſur des raiſonnemens de *petites-maiſons*, ne ſavait pas qu'il y a plus de ſoixante villes en Europe, où le peuple prétend qu'autrefois les Juifs donnèrent des coups de couteau à des hoſties qui répandirent du ſang : il ne ſait pas qu'on fait encor aujourd'hui commémoration à Bruxelles d'une pareille avanture ; & j'y ai entendu, il y a quarante ans, cette belle chanſon :

„ Gaudiſſons nous, bons Chrétiens, au ſupplice
„ Du vilain Juif appellé Jonathan,
„ Qui ſur l'autel a, par grande malice,
„ Aſſaſſiné le très-ſaint Sacrement. "

Il ne connaît pas le miracle de la rue aux oues à Paris, où le peuple brule tous les ans la figure d'un Suiſſe ou d'un Francomtois qui aſſaſſina la Ste. Vierge & l'Enfant-

Jéfu au bout de la rue; & le miracle des Carmes nommés Billetes, & cent autres miracles dans ce goût, célébrés par la lie du peuple, & mis en évidence par la lie des écrivains, qui veulent qu'on croye à ces fadaifes comme au miracle des nôces de Canaa, & à celui des cinq pains.

Tous ces pères de l'Eglife, les uns en fortant de Bifsètre, les autres en fortant du cabaret, quelques-uns en lui demandant l'aumône, lui envoyaient continuellement des libelles & des lettres anonimes: il les jettait au feu fans les lire. C'eft en réfléchiffant fur l'infame & déplorable métier de ces malheureux, foi-difant gens de Lettres, qu'il avait compofé la petite pièce de vers intitulée *Le pauvre Diable*, dans laquelle il fait voir évidemment qu'il vaut mille fois mieux être laquais ou portier dans une bonne maifon que de traîner dans les rues, dans un caffé & dans un galetas une vie indigente qu'on foutient à peine en vendant à des libraires des libelles où l'on juge les Rois, où l'on outrage les femmes, où l'on gouverne les états, & où l'on dit à fon prochain des injures fans efprit.

Dans les derniers tems il avait une profonde indifférence pour ses propres ouvrages dont il fit toujours peu de cas, & dont il ne parlait jamais. On les réimprimait continuellement sans même l'en instruire. Une édition de la Henriade, ou des tragédies, ou de l'histoire, ou de ses pièces fugitives, était-elle sur le point d'être épuisée, une autre édition lui succédait sur le champ. Il écrivait souvent aux libraires : *n'imprimez pas tant de volumes de moi ; on ne va point à la postérité avec un si gros bagage.* On ne l'écoutait pas ; on le réimprimait à la hâte ; on ne le consultait point ; & ce qui est presque incroyable & très-vrai ; c'est qu'on fit à Genève une magnifique édition in-quarto, dont il ne vit jamais une seule feuille, & dans laquelle on inséra plusieurs ouvrages qui ne sont pas de lui, & dont les auteurs sont connus. C'est à propos de toutes ces éditions qu'il disait & qu'il écrivait à ses amis : *je me regarde comme un homme mort dont on vend les meubles.* (*)

––––––––––––––––––––

(*) Cette édition in-4º. pêche par le désordre qui défigure plusieurs tomes, par le ridicule de faire suivre une pièce composée en 1770 par une faite en 1720,

Le premier magiſtrat & le premier paſteur évangelique de Lauſanne ayant établi une Imprimerie dans cette Ville, on y fit ſous le nom de Londres une édition appellée complette. Les éditeurs y ont inféré plus de cent petites pièces en proſe & en vers, qui ne peuvent être ni de lui, ni d'un homme de goût, ni d'un homme du monde, telles que celle-ci qui ſe trouve dans les opuſcules de l'abbé de Grécour.

> Belle maman ſoyez l'arbître
> Si la fievre n'eſt pas un titre
> Suffiſant pour me diſculper.
> Je ſuis au lit comme un bélitre
> Et c'eſt à force de lamper;
> Mais j'eſpère d'en réchaper
> Puiſqu'en recevant cette épître
> L'amour me dreſſe mon pupitre.

Telle eſt une apothéoſe de Mademoiſelle le Couvreur, faite par un précepteur nommé Bonneval :

1720, par la profuſion de cent petits ouvrages de ſociété qui ne ſont pas de l'auteur & qui ſont indignes du public : enfin par beaucoup de fautes typographiques. Cependant elle peut être recherchée pour la beauté du papier, du caractère & des eſtampes.

Quel contraste frappe mes yeux
Melpomène ici désolée
Elève avec l'aveu des Dieux
Un magnifique mausolée.

Telle est cette pièce misérable.

Adieu ma pauvre tabatiere,
Adieu doux fruit de mes écus.

Telle est cette autre intitulée le *loup moraliste*.

Telle est je ne sais quelle ode, qui semble être d'un cocher de Vertamon devenu capucin, intitulée le *vrai Dieu*.

Ces bétises étaient soigneusement recueillies dans l'édition complette d'après les livres nouveaux de Madame Oudot, les almanacs des muses, le porte-feuille retrouvé & les autres ouvrages de génie qui bordent à Paris, le pont-neuf & le quai des Théatins. Elles se trouvent en très-grand nombre dans le vingt-troisième tome de cette édition de Lausanne. Tout ce fatras est fait pour les halles. Les éditeurs ont eu encor la bonté d'imprimer à la tête de ces platitudes dégoutantes, *Le tout revû & corrigé par l'auteur même*, qui assurément n'en avait rien vu. Ce n'est pas ainsi que Robert Etienne imprimait. L'antique difette de livres était bien préférable à cette multitude accablante d'écrits, qui inondent aujourd'hui Paris & Londres, & aux sonnets qui pleuvent dans l'Italie.

Quand on falfifia quelques-unes de fes lettres qu'on imprima en Hollande, fous le titre de lettres fecrettes, il parodia cette ancienne épigramme :

„ Voilà donc mes Lettres fecrettes,
„ Si fecrettes, que pour Lecteur
„ Elles n'ont que leur Imprimeur,
„ Et ces Meffieurs qui les ont faites. "

Nous voulons bien ne pas dire quel eft le galant homme qui fit imprimer en 1766 à Amfterdam, fous le titre de Genève les *Lettres de Mr. de Voltaire à fes amis du Parnaffe, avec des notes hiftoriques & critiques.* Cet éditeur compte parmi fes amis du Parnaffe, la Reine de Suède, l'Electeur Palatin, le Roi de Pologne, le Roi de Pruffe. Voilà de bons amis intimes, & un beau Parnaffe. L'éditeur non-content de cette extrême impertinence, y ajouta pour vendre fon livre la friponnerie dont la Baumelle avait donné le premier exemple. Il falfifia quelques Lettres qui avaient en effet couru, & entr'autres une Lettre sur la langue française & l'italienne, écrite en 1761 à Mr. *Tovazi Deodati*, dans laquelle ce fauffaire déchire avec la plus platte groffiéreté les plus grands Seigneurs de France. Heureufement il prêtait fon ftile à l'auteur fous le nom duquel il écrivait pour le perdre. Il fait dire à Mr. de Voltaire *que les Dames de Verfailles font d'agréables commeres & que Jean Jaques Rouffeau eft leur toutou*. C'eft ainfi qu'en France nous avons eu de puiffants génies à deux fous la feuille qui ont fait les Lettres de Ninon, de Maintenon, du cardinal Alberoni, de la reine Chriftine, de Mandrin, &c. Le plus naturel de ces beaux efprits était celui qui difait, je m'occupe à préfent à faire des penfées de la Rochefoucault.

Nous allons donner quelques véritables Lettres de Mr. de Voltaire d'après fes propres minutes que nous confervons; nous ne publions que celles dont on peut tirer quelque utilité.

LET-

LETTRES
VÉRITABLES
DE
Mr. DE VOLTAIRE.

Voici une copie fidèle de la lettre sur les langues, qu'il écrivit à Mr. Tovasi Deodati le 24 Janvier 1761, & qui a été si indignement défigurée dans une édition de Hollande.

JE suis très-sensible, Monsieur, à l'honneur que vous me faites, de m'envoyer votre livre de *l'excellence de la langue Italienne*; c'est envoyer à un amant l'éloge de sa maîtresse. Permettez-moi cependant quelques réflexions en faveur de la langue française que vous paraissez déprifer un peu trop. On prend souvent le parti de sa femme, quand la maîtresse ne la ménage pas assez.

Je crois, Monsieur, qu'il n'y a aucune

langue parfaite : il en eſt des langues comme de bien d'autres choſes, dans leſquelles les ſavans ont reçu la loi des ignorans. C'eſt le peuple ignorant qui a formé les langages ; les ouvriers ont nommé tous leurs inſtrumens. Les peuplades à peine raſſemblées ont donné des noms à tous leurs beſoins ; & après un très-grand nombre de ſiècles les hommes de génie ſe ſont ſervis comme ils ont pu des termes établis au hazard par le peuple.

Il me paraît qu'il n'y a dans le monde que deux langues véritablement harmonieuſes, la grecque & la latine. Ce ſont en effet les ſeules dont les vers ayent une vraye meſure, un rithme certain, un vrai mélange de *dactiles* & de *ſpondées*, une valeur réelle dans les ſyllabes. Les ignorans qui formèrent ces deux langues avaient ſans doute la tête plus ſonnante, l'oreille plus juſte, les ſens plus délicats que les autres nations.

Vous avez, comme vous le dites, Monſieur, des ſyllabes longues & brèves dans votre belle langue italienne : nous en avons auſſi ; mais ni vous, ni nous, ni aucun peuple n'avons de véritables dactiles & de véritables fpondées. Nos vers font caractérifés par le nombre & non par la valeur des fyllabes. *La bella lingua Tofcana è la figlia primogenita del Latino.* Mais jouiffez de votre droit d'aîneffe, & laiffez à vos cadettes partager quelque chofe de la fucceffion.

J'ai toujours refpecté les Italiens comme nos maîtres ; mais vous avouerez que vous avez fait de fort bons difciples. Prefque toutes les langues de l'Europe ont des beautés & des défauts qui fe compenfent. Vous n'avez point les mélodieufes & nobles terminaifons des mots efpagnols, qu'un heureux concours de voyelles & de confonnes rendent fi fonores : *los rios, los hombres, las hiftorias, los coftumbres.* Il vous manque auffi les diphtongues, qui dans notre langue font un effet fi harmonieux : *les rois, les empereurs, les exploits, les hiftoires,* vous nous reprochés nos *e* muets comme un fon trifte & fourd qui expire dans notre bouche ; mais c'eft précifément dans ces *e* muets que confifte la grande harmonie de notre profe & de nos vers : *empire, couronne, diadême, flamme, tendreffe, victoire.* Toutes ces définences heureufes laiffent dans l'oreille un fon qui subsiste encore après le mot prononcé, comme un clavecin qui résonne, quand les doigts ne frappent plus les touches.

Avouez, Monsieur, que la prodigieuse variété de toutes ces désinences peut avoir quelque avantage sur les cinq terminaisons de tous les mots de votre langue. Encore de ces cinq terminaisons faut-il retrancher la dernière; car vous n'avez que sept ou huit mots qui se terminent en *u*; reste donc quatre sons *a*, *e*, *i*, *o*, qui finissent tous les mots italiens. Pensez-vous de bonne-foi que l'oreille d'un étranger soit bien flattée, quand il lit pour la première fois: *il capitano che'l gran sepolcro libero di Christo, e che molto opro col senno e colla mano*? Croyez-vous que tous ces *o* soyent bien agréables à une oreille qui n'y est pas accoutumée? Comparez à cette triste uniformité, si fatigante pour un étranger, comparez à cette sécheresse ces deux vers simples de Corneille:

Le destin se déclare, & nous venons d'entendre
Ce qu'il a résolu du beau-père & du gendre.

Vous voyez que chaque mot se termine différemment. Prononcez à présent ces deux vers d'Homère:

Ex o dai ta prota diafteicin erifanté
Atréides dé anax andron, kai Dios Akilleus.

Qu'on prononce ces vers devant une jeune perfonne, foit anglaife, foit allemande, qui aura l'oreille un peu délicate, elle donnera la préférence au grec; elle souffrira le français; elle fera un peu choquée de la répétition continuelle des définences italiennes. C'eſt une expérience que j'ai faite pluſieurs fois.

Vos poëtes, qui ont fervi a former votre langue, ont fi bien fenti ce vice radical de la terminaifon des mots italiens, qu'ils ont retranché les lettres *e* & *o* qui finiſſaient tous les mots à l'infinitif au paſſé, & au nominatif; ils diſent *amar'* pour *amaré*; *noqueron'* pour *noquerono*; *la ſtagion* pour *la ſtagione*; *buon'* pour *buono*; *malevol* pour *malevole*. Vous avez voulu éviter la cacofonie; & c'eſt pour cela que vous finiſſez très-fouvent vos vers par la lettre canine *r*; ce que les grecs ne firent jamais.

J'avoue que la langue latine dut longtems paraître rude & barbare aux grecs par la fréquence de ſes *ur* de ces *um* qu'on prononçait *our* & *oum*, & par la multitude de ces noms propres terminés tous en *us* ou plutôt en *ous*. Nous avons brifé plus que vous cette uniformité. Si Rome était pleine autrefois de fénateurs & de chevaliers en *us*, on n'y voit à préfent que des cardinaux & des des abbés en *j*.

Vous vantez, Monfieur, & avec raifon l'extrême abondance de votre langue ; mais permettez-nous de n'être pas dans la difette. Il n'eft, à la vérité, aucun idiome au monde qui peigne toutes les nuances des chofes. Toutes les langues font pauvres à cet égard : aucune ne peut exprimer, par exemple, en un feul mot, l'amour fondé fur l'eftime, ou fur la beauté feule, ou fur la convenance des caractères, ou fur le befoin d'aimer ; il en eft ainfi de toutes les paffions, de toutes les qualités de notre ame : ce que l'on fent le mieux eft fouvent ce qui manque de terme.

Mais, Monfieur, ne croyez pas que nous foyons réduits à l'extrême indigence que vous nous reprochez en tout. Vous faites un catalogue en deux colomnes de votre fuperflu & de notre pauvreté. Vous mettez d'un côté *orgoglio*, *alterigia*, *fuperbia*, & de l'autre *orgueil* tout feul. Cependant, Monfieur, nous

avons

avons *orgueil*, *superbe*, *hauteur*, *fierté*, *morgue*, *élévation*, *dédain*, *arrogance*, *insolence*, *gloire*, *gloriole*, *présomption*, *outre-cuidance*. Tous ces mots expriment des nuances différentes, de même que chez vous, *orgoglio*, *superbia*, *alterigia*, ne sont pas toujours synonimes.

Vous nous reprochez, dans votre alphabet de nos misères, de n'avoir qu'un mot pour signifier *vaillant*. Je sais, Monsieur, que votre nation est très-vaillante quand elle veut & quand on le veut : l'Allemagne & la France ont eu le bonheur d'avoir à leur service de très-braves & de très-grands officiers Italiens. *L'italico valor non è ancor morto*.

Mais si vous avez *valente*, *prode*, *animoso* : nous avons *vaillant*, *valeureux*, *preux*, *courageux*, *intrépide*, *hardi*, *animé*, *audacieux*, *brave*, &c. Ce courage, cette bravoure ont plusieurs caractères différents qui ont chacun leurs termes propres. Nous dirions bien que nos Généraux sont vaillants, courageux, braves, &c. mais nous distinguerions le courage vif & audacieux du Général qui emporta l'épée à la main tous les ouvrages de *Port-Mahon*, taillés dans le roc vif : la fermeté constante, réfléchie & adroite avec laquelle un de nos chefs sauva une garnison entière d'une ruine certaine, & fit une marche de trente lieues à la vue d'une armée ennemie de trente mille combattants.

Nous exprimerions encor différemment l'intrépidité tranquille que les connaisseurs admirèrent dans le petit neveu du héros de la *Valteline*, lors qu'ayant vu son armée en déroute par une terreur panique de nos alliés, ce Général ayant apperçu le régiment de *Diesbach* & un autre qui faisaient ferme contre une armée victorieuse, quoi qu'ils fussent entamés par la cavalerie & foudroyés par le canon, marcha seul à ces régimens, loua leur *valeur*, leur *courage*, leur *fermeté*, leur *intrépidité*, leur *vaillance*, leur *patience*, leur *audace*, leur *animosité*, leur *bravoure*, leur *héroïsme*, &c. Voyez, Monsieur, que de termes pour un. Ensuite il eut le courage de ramener ces deux régimens à petits pas & de les sauver du péril où leur *valeur* les jettait; les conduisit en bravant les ennemis victorieux, & eut encor le *courage* de soutenir les reproches d'une multitude toujours mal-instruite.

Croyez donc, je vous prie, Monsieur, que nous avons dans notre langue l'esprit de faire sentir ce que les défenseurs de notre patrie ou de notre pays ont le mérite de faire.

Vous nous insultez, Monsieur, sur le mot de *ragoût* : vous vous imaginez que nous n'avons que ce terme pour exprimer nos *mets*, nos *plats*, nos *entrées* de table, nos *menus*. Plut-à-Dieu que vous eussiez raison ! Je m'en porterais mieux ; mais malheureusement nous avons un *Dictionnaire* entier *de cuisine*.

Vous vous vantez de deux expressions pour signifier *gourmand*, mais daignez plaindre, Monsieur, *nos gourmands, nos goulus, nos friands, nos mangeurs, nos gloutons*.

Vous ne connaissez que le mot de *savant*, ajoutez-y, s'il vous plait, *docte, erudit, instruit, éclairé, habile, lettré*, vous trouverez parmi nous le nom & la chose.

Croyez qu'il en est ainsi de tous les reproches que vous nous faites. Nous n'avons point de *diminutifs* : nous en avions autant que vous du tems de Marot & de Rabelais & de Montaigne ; mais cette puérilité nous a paru indigne d'une langue ennoblie par les Pascal, les Bossuet, les Fénelon, les Pelisson, les Corneille, les Despreaux, les Racine, les Massillon, les la Fontaine, les la Bruyère &c. Nous avons laissé à Ronsard, à Marot, à Dubartas, les diminutifs badins en *otte* & en *ette*; & nous n'avons guères conservé que *fleurette, amourette, fillette, grisette, grandelette, vieillotte, nabotte, villotte*; encor ne les employons-nous que dans le stile très-familier. N'imitez pas le *Buon' Matthei*, qui, dans sa harangue à l'Académie de la *Crusca*, fait tant valoir l'avantage exclusif d'exprimer *corbello, corbellino*, en oubliant que nous avons *corbeilles* & *corbillons*.

Vous possedez, Monsieur, des avantages bien plus réels; celui des inversions; celui de faire plus facilement cent bons vers en italien, que nous n'en pouvons faire dix en français. La raison de cette facilité, c'est que vous vous permettez ces *hiatus*, ces baillemens de syllabes que nous proscrivons. C'est que tous vos mots finissant en *a, e, i, o*, vous fournissent au moins vingt fois plus de rimes que nous n'en avons, & que par dessus cela vous pouvez encor vous passer de rimes. Vous êtes moins asservis que nous à l'émistiche & à la césure. Vous dansez en liberté ; & nous dansons avec nos chaînes.

Mais croyez-moi, Monsieur ; ne reprochez à notre langue, ni la rudesse, ni le défaut de prosodie, ni l'obscurité, ni la sécheresse. Vos traductions de quelques ouvrages français prouveraient le contraire. Lisez d'ailleurs tout ce que Mrs. d'Olivet & du Marsais ont composé sur la manière de bien parler notre langue. Lisez Mr. Duclos : voyez avec combien de force, de clarté, d'énergie & de grace s'expriment Mrs. d'Alembert & Diderot. Quelles expressions pittoresques employent souvent Mr. de Buffon & Mr. Helvétius, dans des ouvrages qui n'en paraissent pas toujours susceptibles.

Je finis cette lettre trop longue par une réflexions. Si le peuple à formé les langues, les grands hommes les perfectionnent par les bons livres ; & la première de toutes les langues est celle qui a le plus d'excellents ouvrages.

„ Etalés moins votre abondance,
„ Vôtre origine & vos honneurs :

Il ne sied pas aux Grands-Seigneurs
De se vanter de leur naissance.

L'Italie instruisit la France ;
Mais par un reproche indiscret,
Nous serions forcés, à regret,
A manquer de reconnaissance.

Dès longtems sortis de l'enfance,
Nous avons quitté les genoux
D'une nourrice en décadence,
Dont le lait n'est plus fait pour nous.

Nous pourions devenir jaloux,
Quand vous parlez notre langage.
Puisqu'il est embelli par vous,
Cessez donc de lui faire outrage.

L'égalité contente un Sage :
Terminons ainsi le procès.
Quand on est égal aux Français,
Ce n'est pas un mauvais partage.

LETTRE

A Mr. LE COMTE DE CAYLUS,

sur des morceaux de sculpture de Bouchardon.

(On n'a pas trouvé la date.)

Vous me comblez de joye & de reconnaissance, Monsieur; je m'intéresse presque autant que vous aux progrès des arts & particulièrement à la sculpture & à la peinture dont je suis simple amateur. Mr. Bouchardon est notre Phidias. Il y a bien du génie dans son idée de l'amour qui fait un arc de la massue d'Hercule; mais alors cet amour sera bien grand; il sera nécessairement dans l'attitude d'un garçon charpentier; il faudra que la massue & lui soient à-peu-près de même hauteur. Car Hercule avait (dit-on,) neuf piés de haut, & sa massue environ six : si le sculpteur observe ces dimensions, comment reconnaîtrons nous l'amour enfant, tel qu'on doit toujours le figurer? pensez-vous que l'amour fesant tomber des copeaux à ses pieds à coup de ciseau soit un objet bien agréable.

De plus en voyant une partie de cet arc qui fort de la maſſue, devinera-t-on que c'eſt l'arc de l'amour ? L'épée aux pieds dira-t-elle que c'eſt l'épée de Mars ? & pourquoi de Mars plutôt que d'Hercule ? Il a longtems qu'on a peint l'amour jouant avec les armes de Mars, & cela eſt en effet pittoreſque ; mais j'ai peur que la penſée de Bouchardon ne ſoit qu'ingénieuſe. Il en eſt, me ſemble, de la ſculpture & de la peinture comme de la muſique, elles n'expriment point l'eſprit. Un madrigal ingénieux ne peut être rendu par un muſicien ; & une allégorie fine & qui n'eſt que pour l'eſprit, ne peut être exprimée ni par le ſculpteur, ni par le peintre. Il faut, je crois, pour rendre une penſée fine, que cette penſée ſoit animée de quelque paſſion ; qu'elle ſoit caractériſée d'une manière non équivoque, & ſurtout que l'expreſſion de cette penſée ſoit auſſi gracieuſe à l'œil, que l'idée eſt riante pour l'eſprit. Sans cela on dira : un ſculpteur a voulu caractériſer l'amour & il a fait l'amour ſculpteur. Si un pâtiſſier devenait peintre, il peindrait l'amour tirant de ſon four des petits-pâtés. Ce ferait à mes yeux un mérite, ſi cela était gracieux ; mais la ſeule idée des calus que l'exercice de la sculpture donnent souvent aux mains, peut défigurer l'amant de Psyché. Enfin ma grande objection est que si Mr. Bouchardon peut faire de son marbre deux figures, il est fort triste qu'une grande vilaine massue, ou une petite massue sans proportion gâte son ouvrage. J'ai peut-être tort : je l'ai sûrement ; si vous me condamnez ; mais je vous demande, Monsieur, ce qui fera la beauté de son ouvrage ? c'est l'attitude de l'amour, c'est la noblesse & le charme de sa figure; le reste n'est pas fait pour les yeux. N'est-il pas vrai qu'une main bien faite, un œil animé, vaut mieux que toutes les allégories ? Je voudrais que notre grand sculpteur fît quelque chose de passionné. Puget a si bien exprimé la douleur ! un Appollon qui vient de tuer Hiacinthe : un amour qui voit Psyché évanouie : une Vénus auprès d'Adonis expirant ! Ce sont-là, à mon gré, de ces sujets qui peuvent faire briller toutes les parties de la sculpture. Je suis bien hardi de parler ainsi devant vous. Je vous supplie, Monsieur, d'excuser tant de témérité.

Je n'ai rien à dire sur la belle fontaine qui va embellir notre capitale, sinon qu'il faudrait que Mr. Turgot (*) fut notre Edile & notre Prèteur perpétuel. Les Parisiens devraient contribuer davantage à embellir leur ville, à détruire les monumens de la barbarie gothique, & particuliérement ces ridicules fontaines de village qui défigurent notre ville. Je ne doute pas que Bouchardon ne fasse de cette fontaine un beau morceau d'architecture ; mais qu'est-ce qu'une fontaine adossée à un mur dans une rue, & cachée à moitié par une maison ? Qu'est-ce qu'une fontaine qui n'aura que deux robinets, où les porteurs d'eau viendront remplir leurs sceaux ? Ce n'est pas ainsi qu'on a construit les fontaines dont Rome est embellie. Nous avons bien de la peine à nous tirer du goût mesquin & grossier. Il faut que les fontaines soient élevées dans les places publiques, & que ces beaux monumens soient vus de toutes parts. Il n'y a pas une seule place publique dans le vaste fauxbourg St. Germain : cela fait saigner le cœur. Paris est comme la statue de Nabucodonosor, en partie or, & en partie fange, &c.

(*) C'est le père du Contrôleur général.

LETTRE
DE Mr. CLAIRAUT
A Mr. DE VOLTAIRE,

datée de Paris, 16 Août 1759.

MONSIEUR,

L'Amitié dont vous m'avez autrefois honoré m'est toujours présente à l'esprit, comme une des distinctions des plus flatteuses que j'aye obtenues. Si depuis longtems je ne vous en ai point demandé de nouveaux témoignages, il ne faut l'attribuer qu'à la crainte de vous dérober des momens dont toute l'Europe connait le prix. Cette crainte si juste dans la plûpart des occasions qui déterminent le commun des hommes, serait déplacée, lorsque l'on a quelques réflexions à vous communiquer sur des matières propres à vous intéresser : & la multiplicité si étendue de vos connaissances vous empêche de trouver de la stérilité dans quelque commerce littéraire que ce soit.

,, J'ai donc imaginé que l'intérêt que vous prenez au fyſtème de Newton, que vous avez établi le premier en France par la manière brillante dont vous l'avez expofé, vous engagerait à jetter les yeux fur les efforts que j'ai faits en dernier lieu pour contribuer à l'avancement de ce fyſtème. C'eſt la fixation du retour de la comète annoncée par Halley : opération que j'ai faite en appliquant ma détermination générale des perturbations que les corps céleſtes fe cauſent mutuellement. Je joins ici le mémoire que je lus à la rentrée publique de la St. Martin dernière, fur cette matière. Comme il a été attaqué avec aſſez de paſſion dans divers Journaux ; j'ai cru devoir répondre à mes critiques avant la publication de toute ma théorie. Et j'ai l'honneur de foumettre à votre jugement ce fecond mémoire, ainſi que le premier. Lorſque l'ouvrage entier fera achevé d'imprimer, il vous fera préſenté avec le même empreſſement.

Je fuis avec la plus haute eſtime & le reſpect qui y eſt néceſſairement lié, Monſieur, votre très-humble & très-obéiſſant ferviteur

CLAIRAUT.

RÉPONSE
DE Mr. DE VOLTAIRE
A LA LETTRE
DE Mr. CLAIRAUT.

Votre Lettre, Monsieur, m'a fait autant de plaisir que votre travail m'a inspiré d'estime. Votre guerre avec les Géomètres au sujet de la comète me paraît la guerre des Dieux dans l'Olimpe, tandis que sur la terre les chiens se battent contre les chats. Je suis effrayé de l'immensité de votre travail. Je me souviens qu'autrefois, quand je m'appliquais à la théorie de Newton, je ne sortais jamais de l'étude que malade ; les organes de l'application ne sont pas si bons chez moi que chez vous. Vous êtes né Géomètre ; & je n'étais devenu disciple de Newton que par hazard. Votre dernier travail doit certainement honorer la France : les anglais ne peuvent pas avoir tout dit, Newton avait fondé ses loix en partie sur celles de Kepler, & vous avez ajouté à celles de Newton. C'est une chose bien admirable d'être parvenu à reconnaître les inégalités que l'attraction des grosses planètes opère sur la route des comètes : ces astres que nos pères les grecs ne connaissaient qu'en qualité de chevelus, selon l'étimologie du nom, & en qualité de méchants, comme nous connaissons Clodion le chevelu, sont aujourd'hui soumis à votre calcul, aussi-bien que les astres du système solaire ; mais il faudrait être bien difficile pour exiger qu'on prédit le retour d'une comète à la minute, de même qu'on prédit une éclipse de soleil ou de lune : il faut se contenter de l'à-peu-près dans ces distances immenses, & dans ces complications de causes qui peuvent accélérer ou retarder le retour d'une comète. D'ailleurs la quantité de la masse de Jupiter & de Saturne peut elle être connue avec précision ? Cela me paraît impossible. Il me semble que quand on vous accordera un mois d'échéance pour le retour d'une comète, comme on en accorde pour les Lettres de change qui viennent de loin, on ne vous fera pas une grande grace. Mais quand on avouera que vous faites honneur à la france & à l'esprit humain, on ne vous rendra que justice. Plut-à-Dieu que notre ami Moreau-Maupertui eut cultivé son art comme vous, qu'il eut prédit seulement le retour des comètes, au lieu d'exalter son ame pour prédire l'avenir, de disséquer des cervelles de géans pour connaitre la nature de l'ame, d'enduire les gens de poix-résine pour les guérir de toute espèce de maladie, de persécuter Koenig, & de mourir entre deux capucins!

Au reste je suis fâché que vous désigniez par le nom de Newtoniens ceux qui ont reconnu la vérité des découvertes de Newton: c'est comme si on appellait les Géomètres Euclidiens. La vérité n'a point de nom de parti: l'erreur peut admettre des mots de ralliement: on dit jansénistes, molinistes, quiétistes, anabatistes, pour désigner différentes sortes d'aveugles: les sectes ont des noms, & la vérité est vérité. Dieu bénisse l'imprimeur qui a mis les *altercations* de la comète, au lieu d'altérations! Il a eu plus raison qu'il ne croyait: toute vérité produit altercation. Je pourais bien me plaindre aussi à mon tour de ceux qui m'ont appellé mauvais citoyen, quand j'ai mis le premier en france le système de l'anglais Newton au net; mais j'ai essuyé tant de bontés d'ailleurs, que celle-là m'a échappé dans la foule. Je suis enfin parvenu à ne plus mesurer que la *courbe* que mes nouveaux semoirs tracent au bout de leurs rayons : le résultat est un peu de froment. Mais quand je me suis tué à Paris pour composer des poëmes épiques, des tragédies, & des histoires, je n'ai recueilli que de l'ivroye. La culture des champs est plus douce que celles des lettres : je trouve plus de bon sens dans mes laboureurs & & dans mes vignerons, & surtout plus de bonne foi que dans les regrattiers de la littérature, &c.

Je cultive la terre, voilà par où il faut finir. J'ai fait naître un peu d'abondance dans le pays le plus agréable, & le plus pauvre que j'aye jamais vu. C'est une belle expérience de physique de faire croître quatre épics où la nature n'en donnait que deux. Les académies de Cérès & de Pomone valent bien les autres.

Felix qui potuit rerum cognoscere causas,
Fortunatus & ille deos qui novit agrestes!

REPONSE

A

Mr. DE LA NOUE,

Auteur de la tragédie de Mahomet second.

Votre tragédie, Monsieur, est arrivée à Cirey, comme les Koënig, les Bernoulli en partaient. Les grandes vérités nous quittent; mais à leurs place les grands sentimens & de beaux vers qui valent bien des vérités, nous arrivent. Je crois que vous êtes le premier parmi les modernes qui ayez été à la fois acteur & auteur tragique; car Latuillerie qui donna *Hercule* & *Soliman* sous son nom, n'en était pas l'auteur; & d'ailleurs ces deux pièces sont comme si elles n'avaient point été. Connaissez-vous l'épitaphe de ce Latuillerie?

  Ci gît un Fiacre nommé Jean;
 Qui croyait avoir fait Hercule & Soliman.

Le double mérite d'être (si on ose le dire) peintre & tableau à la fois, n'a été en honneur que chez les anciens Grecs, chez cette nation heureuse, de qui nous tenons tous les arts, qui savait récompenser & honorer tous les talens, que nous n'estimons, ni n'imitons pas assez. Votre ouvrage étincelle de vers de génie & de traits d'imagination : c'est presque un nouveau genre. Il ne faut sans doute, rien de trop hardi dans les vers d'une tragédie ; mais aussi les français n'ont-ils pas souvent été un peu trop timides ? A la bonne heure qu'un courtisan poli, qu'une jeune princesse ne mettent dans leurs discours que de la simplicité & de la grace ; mais il me semble que certains héros étrangers, des asiatiques, des américains, des turcs peuvent parler sur un ton plus fier, plus sublime : *major è longinquo*. J'aime un langage hardi, métaphorique, plein d'images dans la bouche de *Mahomet second*, comme dans *Mahomet le Prophète*. Ces idées superbes sont faites pour leur caractères : c'est ainsi qu'ils s'exprimaient eux-mêmes. On prétend que le conquérant de Constantinople, en entrant dans Ste. Sophie qu'il venait de changer en Mosquée, récita deux vers sublimes du persan Sadi : *Le palais impérial est tombé ; les oiseaux qui annoncent le carnage ont fait en-*

tendre leurs cris fur les tours de Constantin.

On a beau dire que ces beautés de diction font des beautés épiques : ceux qui parlent ainfi ne favent pas que Sophocle & Euripide ont imité le ftyle d'Homère. Ces morceaux épiques, entre-mêlés avec art parmi des beautés plus fimples, font comme des éclairs qu'on voit quelquefois enflammer l'horifon & fe mêler à la lumière douce & égale d'une belle foirée. Toutes les autres nations aiment, ce me femble, ces figures frapantes. Grecs, latins, arabes, italiens, anglais, efpagnols, tous nous reprochent une poéfie un peu trop profaïque. Je ne demande pas qu'on outre la nature ; je veux qu'on la fortifie & qu'on l'embelliffe. Qui aime mieux que moi les pièces de l'illuftre *Racine* ? qui les fait plus par cœur ? Mais ferais-je fâché que *Bajazet* par exemple eut quelquefois un peu plus de fublime ?

Elle veut, Acomat que je l'époufe. — eh bien.
. . . .
Tout cela finirai par une perfidie.
J'époufrais ! & qui, s'il faut que je le die,
Une efclave attachée à fes feuls intérêts. —
Si votre cœur était moins plein de fon amour,
Je vous verrais fans doute en rougir la première ;

Et pour vous épargner une injuste prière ;
Adieu ; je vais trouver Roxane de ce pas
Et je vous quitte. . . . . . . Et moi je ne vous quitte pas.
Que parlez vous, Madame & d'époux & d'amant ?
O ciel ! de ce discours quel est le fondement ?
Qui peut vous avoir fait ce récit infidèle ?
Je vois enfin, je vois qu'en ce même moment
Tout ce que je vous dis vous touche faiblement.
Madame finissons & mon trouble & le vôtre ;
Ne nous affligeons point vainement l'un & l'autre.
Roxane n'est pas loin, &c.

Je vous demande, Mr., si à ce stile, dans lequel tout le rôle de ce turc est écrit, vous reconnaissez autre chose qu'un français qui appelle sa turque Madame, & qui s'exprime avec élégance & avec douceur ? Ne desirez-vous rien de plus mâle, de plus fier, de plus animé dans les expressions de ce jeune ottoman qui se voit entre *Roxane* & l'empire, entre *Atalide* & la mort ? C'est à-peu-près ce que *Pierre Corneille* disait à la première représentation de Bajazet à un vieillard qui me l'a raconté : Cela est tendre, touchant, bien écrit ; mais c'est toujours un français qui parle. Vous sentez bien, Monsieur, que cette petite réflexion ne dérobe rien au respect que tout homme qui aime la langue française doit au nom de Racine. Ceux qui désirent un peu plus de coloris à *Raphael* & aux *Pouſſin* ne les admirent pas moins. Peut-être qu'en général cette maigreur, ordinaire à la verſification françaiſe, ce vide de grandes idées, eſt un peu la ſuite de la gêne de nos phraſes & de notre rime. Nous avons beſoin de hardieſſe ; & nous ne devrions rimer que pour les oreilles. Il y a vingt ans que j'oſe le dire. Si un vers finit par le mot *terre*, vous êtes ſûr de voir la guerre à la fin de l'autre : cependant prononce-t-on *terre* autrement que *père* & *mère* ? prononce-t-on *ſang* autrement que *camp* ? Pourquoi donc craindre de faire rimer aux yeux ce qui rime aux oreilles ? On doit ſonger, ce me ſemble, que l'oreille n'eſt juge que des ſons & non de la figure des caractères. Il ne faut point multiplier les obſtacles ſans néceſſité ; car alors c'eſt diminuer les beautés. Il faut des loix ſévères & non un vil eſclavage. Les anglais penſent ainſi. Mais de peur d'être trop long je ne vous en dirai pas d'avantage ſur le ſtyle. J'ai d'ailleurs trop de choſes à vous dire ſur le ſujet de votre pièce. Je n'en ſais point qui fut plus difficile à manier ; il n'était

K 3

conforme ni à l'histoire, ni à la nature.

Un moine nommé *Bandelli* s'est avisé de défigurer l'histoire du grand Mahomet second par plusieurs contes incroyables ; il y a mêlé la fable de la mort d'*Irène*, & vingt écrivains l'ont copié. Cependant il est sûr que jamais *Mahomet* n'eut de maitresse connue des chrétiens sous ce nom d'*Irène*; que jamais les janissaires ne se révoltèrent contre lui, ni pour sa femme, ni pour aucun autre sujet ; & que ce prince aussi prudent, aussi savant & aussi politique qu'il était intrépide, était incapable de commettre cette action d'un imbécille forcené que nos histoires lui reprochent si ridiculement. Il faut mettre ce conte avec celui des quatorze *Icoglans* auxquels on prétend qu'il fit ouvrir le ventre pour savoir qui d'eux avait mangé ses figues ou ses melons. Les nations subjuguées imputent toujours des choses horribles & absurdes à leurs vainqueurs : c'est la vangeance des sots & des esclaves.

L'histoire de *Charles XII*, m'a mis dans la nécessité de lire quelques ouvrages historiques concernant les turcs. J'ai lu entr'autres depuis peu l'histoire ottomane du prince *Can-*

timir, vaivode de Moldavie écrite à Conftantinople. Il ne daigne ni lui, ni aucun auteur turc ou arabe, parler feulement de la fable d'*Irène* : il fe contente de repréfenter Mahomet comme le plus grand homme & le plus fage de fon tems. Il fait voir que Mahomet, ayant pris d'affaut par un mal-entendu la moitié de Conftantinople, & ayant reçu l'autre à compofition, obferva religieufement le traité & conferva même la plûpart des églifes de cette autre partie de la ville, lefquelles fubfiftèrent trois générations après lui.

Mais qu'il eut voulu époufer une chrétienne, qu'il l'eut égorgée &c., voilà ce qui n'a jamais été imaginé de fon tems. Ce que je dis ici, je le dis en hiftorien, non en poëte. Je fuis très-loin de vous condamner. Vous avez fuivi le préjugé reçu ; & un préjugé fuffit pour un peintre & pour un poëte. Où en feraient Virgile & Homère, fi on les avait chicannés fur les faits ? Une fauffeté qui produit au théâtre une belle fituation eft préférable en ce ce cas à toutes les archives de l'univers, &c.

RÉPONSE

A M. LE DUC DE BOUILLON,

Qui lui avait écrit une lettre en vers, au sujet de l'édition des Oeuvres de Corneille, faite au profit de la nièce de ce grand-homme.

Vous voilà, Monseigneur, comme le marquis de la Fare qui commença à sentir son talent pour la poésie, à-peu-près de votre âge, quand certains talens plus précieux étaient sur le point de baisser un peu, & de l'avertir qu'il y avait encor d'autres plaisirs. Ses premiers vers furent pour l'amour, ses seconds pour l'abbé de Chaulieu. Vos premiers sont pour moi : cela n'est pas juste ; mais je vous en dois plus de reconnaissance. Vous me dites que j'ai triomphé de mes ennemis ; c'est vous qui faites mon triomphe.

 Aux pieds de mes rochers, aux creux de mes vallons,
 Pourrais-je regretter les rives de la Seine ?
 La fille de Corneille écoute mes leçons ;
  Je suis chanté par un Turenne.
  J'ai pour moi deux grandes maisons,
  Chez Bellone & chez Melpomène ;

A l'abri de ces deux beaux noms,
On peut négliger les Frérons,
Ou rire tout haut de leur haine.
C'est quelque chose d'être heureux ;
Mais c'est un grand plaisir de le dire à l'envie,
De l'abattre à nos pieds, & d'en rire à ses yeux.
Qu'un souper est délicieux,
Quand on brave, en buvant, les griffes de l'harpie !
Que des frères Berthier les cris injurieux
Font une plaisante harmonie !
Que c'est pour un amant un passe-tems bien doux
D'embrasser la beauté qui subjugue son ame !
Et d'affubler encor du sel de l'épigramme
Un rival fâcheux & jaloux !
Cela n'est pas chrétien ; j'en conviens avec vous ;
Mais les gens le font-ils ? Le monde est une guerre :
On a des ennemis en tout genre, en tout lieux ;
Tout mortel combat sur la terre :
Le Diable avec Michel combattit dans les cieux.
On cabale à la cour, à l'église, à l'armée :
Au parnasse on se bat pour un peu de fumée,
Pour un nom, pour du vent ; & je conclus au bout
Qu'il faut jouir en paix, & se moquer de tout.

A MONSIEUR
LE DUC DE LA VALIERE,

Grand Fauconnier de France, sur Urceus Codrus.

Votre procédé, Mgr. le duc, est de l'ancienne chevalerie : vous vous exposez pour sauver un homme qui s'est mis en péril à votre suite ; mais la petite erreur, dans laquelle vous m'avez induit, sert à déployer votre profonde érudition. Peu de grands Fauconniers auraient déterré les *Sermones festivi*, imprimés en 1502. Raillerie à part, vous faites une action digne de votre belle ame, en vous mettant pour moi à la brêche.

Vous me disiez dans votre première lettre qu'*Urceus Codrus* était un grand prédicateur : vous m'apprenez dans votre seconde que c'était un grand libertin, mais cependant qu'il n'était pas cordelier. Vous demandez pardon à St. François d'Assise & à tout l'ordre Séraphique de la méprise où vous m'avez fait tomber, je prends sur moi la pénitence ;

mais il reste toujours pour véritable que les mystères, représentés à l'hôtel de Bourgogne, étaient beaucoup plus décens que la plupart des sermons du seiziéme siècle. C'est sur ce point que roule la question.

Mettons qui nous voudrons à la place d'*Urceus Codrus*, & nous aurons raison. Il n'y a pas un mot dans les mystères qui allarme la pudeur & la piété. Quarante associés, qui font & qui jouent des pièces saintes en français, ne peuvent s'accorder à deshonorer leurs pièces par des indécences qui révolteraient le public, & qui feraient fermer le théâtre. Mais un prédicateur ignorant, qui travaille seul, qui n'a nul usage des bienséances, peut mêler dans son sermon quelques sottises, surtout quand il les prononce en latin.

Tels étaient, par exemple, les sermons du cordelier *Maillard*, que vous avez sans doute dans votre riche & immense bibliothèque. Vous verrez dans son sermon du jeudi de la seconde semaine du carême, qu'il apostrophe ainsi les femmes des avocats qui portent des habits garnis d'or : *Vous dites que vous êtes vêtues suivant votre état : à tous les diables votre état & vous-mêmes, Mesdemoiselles. Vous me direz peut-être : nos maris ne nous donnent point de si belles robes ; nous les gagnons de la peine de notre corps : à trente mille diables la peine de votre corps, Mesdemoiselles.*

Je ne vous répète que ce trait de frère Maillard, pour ménager votre pudeur ; mais si vous voulez vous donner le soin d'en chercher de plus forts dans le même auteur, vous en trouverez de dignes d'Urceus Codrus. Frères *André* & *Menot* étaient fort fameux pour les turpitudes : la chaire, à la vérité, ne fut pas toujours souillée par des obsénités ; mais longtems les sermons ne valurent pas mieux que les myſtères de l'hôtel de Bourgogne.

Il faut avouer que les prétendus réformés de France furent les premiers qui mirent quelque raison dans leurs discours, parce qu'on est obligé de raisonner quand on veut changer les idées des hommes. Cette raison était encor bien loin de l'éloquence. La chaire, le barreau, le théâtre, la philosophie, la littérature, la théologie, tout chez nous fut, à quelques exceptions près, fort au-dessous des pièces qu'on joue aujourd'hui à la foire.

Le bon goût en tout genre n'établit son empire que dans le siècle de *Louis XIV*: c'est-là ce qui me détermina il y a longtems à donner une légère esquisse de ce tems glorieux ; & vous avez remarqué que dans cette histoire, c'est le siècle qui est mon héros, encor plus que *Louis XIV* lui-même, quelque respect & quelque reconnaissance que nous devions à sa mémoire.

Il est vrai qu'en général nos voisins ne valaient guères mieux que nous. Comment s'est-il pu faire que l'on prêchât toujours, & que l'on prêchât si mal ! Comment les Italiens, qui s'étaient tirés depuis si longtems de la barbarie en tant de genres, n'étaient-ils, pour la plupart, dans la chaire que des arlequins en surplis, tandis que la *Jérusalem du Tasse* égalait l'Illiade, que l'*Orlando furioso* surpassait l'Odyssée, que le *Pastor fido* n'avait point de modèle dans l'antiquité, & que *Raphaël* & les *Paul Veronèse* exécutaient réellement ce qu'on imagine des Zeuxis & des Apelles ?

Il n'est pas douteux, Monseigneur le duc, que vous n'ayez lu le concile de Trente :

il n'y a point de duc & pair, à ce que je pense, qui n'en life quelques seffions tous les matins. Vous avez remarqué le fermon de l'ouverture du concile par l'évêque de Bitonto.

Il prouve premiérement que le concile eft néceffaire; parce que plufieurs conciles ont dépofé des Rois & des Empereurs: fecondement parce que dans l'Enéïde Jupiter affembla le concile des dieux: troifiémement parce qu'à la création de l'homme & à l'avanture de la tour de Babel, Dieu s'y prit en forme de concile. Il affure enfuite que tous les prélats doivent fe rendre à Trente comme dans le cheval de Troye: enfin que la porte du paradis & du concile eft la même; que l'eau-vive en découle, & que les pères doivent en arrofer leurs cœurs, comme des terres féches: faute dequoi le St. Efprit leur ouvrira la bouche comme à Balaam & à Caïphe.

Voilà ce qui fut prêché devant les Etats-Généraux de la chrétienté. Quel préjugé divin en faveur d'un concile? Le fermon de St. Antoine de Padoue aux poiffons eft encor plus fameux en Italie, que celui de Mr. de

Bitonto. On pourait donc excufer notre frere André & notre frère Garaffe & tous nos gilles de la chaire du feiziéme & dix-feptiéme fiècle, s'ils n'ont pas mieux valu que nos maîtres les Italiens.

Mais quelle était la fource de cette grof-fiéreté abfurde fi univerfellement répandue en Italie du tems du Taffe, en France du tems de Montagne, de Charron & du chan-celier de l'Hôpital, en Angleterre dans le fiècle de Bacon ? Comment ces hommes de génie ne réformaient-ils pas leur fiècle ? Prenez-vous en aux collèges qui élevaient la jeuneffe, & à l'efprit monacal & théologal qui mettait la dernière main à notre barbarie que les collèges avaient ébauchée. Un génie tel que le Taffe, lifait Virgile & produifait *la Jérufalem*. Un Machiavel lifait Térence & faifait *la Mandragore* ; mais quel moine, quel docteur lifait Cicéron & Démofthène ? Un malheureux écolier, devenu imbécile pour avoir été forcé pendant quatre ans d'apprendre par cœur Jean Defpautère, & enfuite devenu fou pour avoir foutenu une thèfe fur *l'univerfité de la part de la chofe & de la penfée*, & fur les cathégories, recevait en public fon bonnet & fes lettres de démence ; & s'en allait prêcher devant un auditoire, dont les trois quarts étaient plus imbéciles que lui, & plus mal élevés.

Le peuple écoutait ces farces théologiques le cou tendu, les yeux fixes, la bouche ouverte, comme les enfans écoutent des contes de forciers ; & s'en retournait tout contrit. Le même efprit, qui le conduifait aux facéties de *la Mère-fotte*, le conduifait à ces fermons ; & on y était d'autant plus affidu qu'il n'en coutait rien. Car mettez un impôt fur les meffes, comme on le propofa dans la minorité de *Louis XIV*, perfonne n'entendra la meffe.

Ce ne fut guères que du tems de Coeffeteau & de Balzac que quelques prédicateurs ofèrent parler raifonnablement, mais ennuieufement ; & enfin Bourdaloue fut le premier en Europe qui eut de l'éloquence en chaire. Je rapporterai encore ici le témoignage de Burnet, Eveque de Salisbury, qui dit dans fes mémoires, qu'en voyageant en France, il fut étonné de ces fermons, & que Bourdaloue réforma les prédicateurs d'Angleterre, comme ceux de France.

Bour-

Bourdaloue fut prefque le Corneille de la chaire comme Maſſillon en a été depuis le Racine: non que j'égale un art à moitié profane à un miniſtère prefque faint, ni que j'égale non plus la difficulté médiocre de faire un bon fermon à la difficulté prodigieufe & inexprimable de faire une bonne tragédie; mais je dis que Bourdaloue voulut raifonner comme Corneille, & que Maſſillon s'étudia à être auſſi élégant en profe que Racine l'était en vers.

Il eſt vrai qu'on reprocha fouvent à Bourdaloue, comme à Corneille, d'être un peu trop avocat, de vouloir trop prouver au lieu de toucher, & de donner quelquefois de mauvaiſes preuves. Maſſillon au contraire crut qu'il vallait mieux peindre & émouvoir: il imita Racine, autant qu'on peut l'imiter en profe; en prêchant cependant que les auteurs dramatiques font damnés: car il faut bien que chaque apoticaire vante fon onguent & damne celui de fon voifin. Son ſtile eſt pur, fes peintures font attendriſſantes.

Le malheur des fermons c'eſt que ce font des déclamations dans lefquelles on dit trop

L

souvent le pour & le contre. Le même homme qui dimanche dernier assurait qu'il n'y a point de félicité dans la grandeur, que les couronnes sont d'épines, que les Cours ne renferment que d'illustres malheureux, que la joye n'est répandue que sur le front du pauvre ; prèche le dimanche suivant que le peuple est condamné à l'affliction & aux larmes, & que les Grands de la terre sont plongés dans des délices dangereuses.

Il disent dans l'avent que Dieu est sans cesse occupé du soin de fournir à tous nos besoins ; & en carème que la terre est maudite. Ces lieux communs les mènent jusqu'au bout de l'année par des phrases fleuries & ennuieuses.

Les prédicateurs en Angleterre ont pris un autre tour qui ne nous conviendrait guères. Le livre de la métaphysique la plus profonde est le recueil des sermons de Clarke. On dirait qu'il n'a prèché que pour les philosophes. Encor ces philosophes auraient pu lui demander à chaque période un long éclaircissement ; & *le Français à Londres à qui on ne prouve rien*, aurait bientôt laissé là le prédicateur. Son recueil fait un excellent livre, que très-peu de gens font capables d'entendre. Quelle différence entre les tems & entre les nations! & qu'il y a loin de frère Garaffe & de frère André, aux Clarke & aux Maffillon!

Dans l'étude que j'ai faite de l'hiftoire, j'en ai toujours tiré ce fruit, que le tems où nous vivons eft de tous les tems le plus éclairé, malgré nos très-mauvais livres, & malgré la foule de tant d'infipides journaux ; comme il eft le plus heureux, malgré nos calamités paffagères. Car quel eft l'homme de lettres qui ne fache que le bon goût n'a été le partage de la France, qu'à commencer au tems de *Cinna* & *des Provinciales* ? Et quel eft l'homme un peu verfé dans notre hiftoire qui puiffe affigner un tems plus heureux depuis *Clovis*, que le tems qui s'eft écoulé depuis que *Louis XIV* commença à régner par lui-mème, jufqu'au moment où j'ai l'honneur de vous parler ? Je défie l'homme de la plus mauvaife humeur de me dire quel fiècle il voudrait préférer au nôtre.

Il faut être jufte : il faut convenir par exemple qu'un géomètre de vingt-quatre ans en fait beaucoup plus que Defcartes ; qu'un vicaire de paroiſſe prèche plus raiſonnablement que le grand aumonier de *Louis XII*. La nation eſt plus inſtruite, le ſtile en général, eſt meilleur ; par conſéquent les eſprits ſont mieux faits aujourd'hui qu'il ne l'étaient autrefois.

Vous me direz, que nous ſommes à préſent dans la décadence du ſiècle, & qu'il y a beaucoup moins de génie & de talens que dans les beaux jours de *Louis XIV*. Oui, le génie baiſſe & baiſſera néceſſairement, mais les lumières ſont multipliées, mille peintres du tems de Salvator-Roſa ne valaient pas Raphaël & Michel Ange ; mais ces mille peintres médiocres, que Raphaël & Michel Ange avaient formés, compoſaient une école infiniment ſupérieure à celle que ces deux grands hommes trouvèrent établie de leurs tems. Nous n'avons à préſent, ſur la fin de notre beau ſiècle, ni de Maſſillon, ni de Bourdaloue, ni de Boſſuet, ni de Fenelon ; mais le plus ennuieux de nos prédicateurs d'aujourd'hui eſt un Démoſthène en comparaiſon de tous ceux qui ont preché depuis ſaint Remi juſqu'au frère Garaſſe.

Il y a plus de distance de la moindre de nos tragédies aux pièces de Jodelle, que de l'*Athalie* de Racine aux *Maccabées* de la Motte, & au *Moyse* de l'abbé Nadal. En un mot, dans tous les arts de l'esprit, nos artistes valent bien moins qu'au commencement du grand siècle & dans ses beaux jours ; mais la nation vaut mieux. Nous sommes inondés, à la vérité, de pitoyables brochures ; & les miennes se mêlent à la foule : c'est une multitude prodigieuse de moucherons & de chenilles, qui prouvent l'abondance des fruits & des fleurs : vous ne voyez pas de ces insectes dans une terre stérile ; & remarquez que dans cette foule immense de ces petits écrits, tous effacés les uns par les autres, & tous précipités au bout de quelques jours dans un oubli éternel, il y a quelquefois plus de goût & de finesse que vous n'en trouveriez dans tous les livres écrits avant les *Lettres Provinciales*.

Voilà l'état de nos richesses de l'esprit, comparées à une indigence de plus de douze cent années.

Si vous examinez à présent nos mœurs,

nos loix, notre gouvernement, notre société, vous trouverez que mon compte est juste. Je date depuis le moment où *Louis XIV* prit en main les rênes ; & je demande au plus acharné frondeur, au plus triste panégiriste des tems passés, s'il osera comparer les tems où nous vivons à celui où l'archévêque de Paris portait au parlement un poignard dans sa poche ? Aimera-t-il mieux le siècle précédent, où l'on tuait le premier ministre à coups de pistolet, dans la cour du Louvre & où l'on condamnait sa femme à être brûlée comme sorcière ? Dix ou douze années du grand *Henri IV* paraissent heureuses, après quarante ans d'abominations & d'horreurs qui font dresser les cheveux ; mais pendant ce peu d'années que le meilleur des princes employait à guérir nos blessures, elles saignaient encore de tous côtés : le poison de la *Ligue* infectait encore les esprits ; les familles étaient divisées ; les mœurs étaient dures ; le fanatisme régnait par tout, hormis à la cour. Le commerce commençait à naître ; mais on n'en goûtait pas encor les avantages ; la société était sans agrémens, les villes sans police ; toutes les consolations de la vie manquaient en général aux hommes. Et pour comble de malheur *Henri IV* était haï. Ce grand homme disait au duc de Sulli : *Ils ne me connaissent pas, ils me regretteront.*

Remontez à travers cent mille assassinats commis au nom de Dieu, sur les débris de nos villes en cendres, jusqu'au tems de *François I*, vous voyez l'Italie teinte de notre sang, un Roi prisonnier dans Madrid, les ennemis au milieu de nos provinces.

Le nom de *Père du peuple* est resté à *Louis XII* ; mais ce père eut des enfans bien malheureux, & le fut lui-même : chassé de l'Italie, dupé par le pape, vaincu par *Henri VIII*, obligé de donner de l'argent à son vainqueur pour épouser sa sœur, il fut bon Roi d'un peuple grossier, pauvre & privé d'arts & de manufactures. Sa capitale n'était qu'un amas de maisons de bois, de paille & de plâtre, presque toutes couvertes de chaume. Il vaut mieux, sans doute, vivre sous un bon Roi d'un peuple éclairé & opulent, quoique malin & raisonneur.

Plus vous vous enfoncez dans les siècles précédens, plus vous trouverez tout sauvage ; & c'eſt ce qui rend notre hiſtoire de France ſi dégoûtante qu'on a été obligé d'en faire des abrégés chronologiques à colonnes, où tout le néceſſaire ſe trouve, & où l'inutile ſeul eſt omis, pour ſauver l'ennui d'une lecture inſupportable à ceux de nos compatriotes qui veulent ſavoir en quelle année la Sorbonne fut fondée, & aux curieux qui doutent ſi la ſtatue équeſtre, qui eſt dans la cathédrale gothique de Paris, eſt de *Philippe de Valois*, ou de *Philippe le Bel*.

Ne diſſimulons point ; nous n'exiſtons que depuis environ ſix-vingt ans : loix, police, diſcipline militaire, commerce, marine, beaux-arts, magnificence, eſprit, goût, tout commence à *Louis XIV*, & pluſieurs avantages ſe perfectionnent aujourd'hui. C'eſt là ce que j'ai voulu inſinuer, en diſant que tout était barbare chez nous auparavant, & que la chaire l'était comme tout le reſte. *Urceus Codrus* ne valait pas trop la peine que je vous parlaſſe longtems de lui ; mais il m'a fourni des réflexions qui pouront être utiles ſi vous avez la bonté de les redreſſer.

LETTRE DE MR. L......

Avocat au Parlement de Paris, à MR. DE VOLTAIRE.

A Paris le 19 Février 1767.

JE me conforme volontiers, Monsieur, à une coutume très-juste que je vois assez généralement établie; c'est que les jeunes auteurs vous adressent un exemplaire de leurs ouvrages, & qu'ils brigent pour leurs productions une place dans votre bibliothèque. Il est bien naturel que les premiers fruits d'un arbre soient cueillis par la main qui a le plus contribué à en affermir les racines. Les progrès de la raison & du goût parmi nous, vous sont dus pour la plus grande partie. Ceux qui en profitent ne sauraient se dispenser de vous en marquer leur reconnaissance. La protection donnée par nos chanceliers à la littérature, leur vaut un livre de chaque espèce. Le même hommage vous est dû au même titre.

Le Dieu du goût, ce Dieu sensible & délicat,
Dont vous avez si bien fait connaître l'Empire,
Vous a remis les sceaux de cet état.
Malgré les cris de la satire
Il vous en a nommé le premier magistrat.
Ce poste là pour la finance,
Ne vaut pas tant comme je crois,
Que la garde des sceaux de France.
Et ce n'est pas la seule différence
Qui distingue ces deux emplois.
Chacun peut se croire capable
De bien garder ces derniers sceaux.
Aussi voit-on à ce poste honorable
Prétendre à chaque instant des concurrens nouveaux.
Mais ici le cas est tout autre,
Vous n'aurez jamais de rivaux
Assez hardis pour demander le vôtre.

Il est bien vrai qu'il vous expose à recevoir de tems en tems des envois fâcheux, & à des lectures ennuieuses. Mais vous usez sans doute du privilège des autres chanceliers, vous vous gardez bien de lire tous les placets qu'on vous adresse; & quand vous vous y croiriez obligé en conscience, ce ne serait après tout qu'un des inconvénients de votre place. Il n'y en a point, comme vous savez, qui n'ait des amertumes.

Ce n'eſt que dans l'égliſe qu'on trouve des bénéfices ſans charge.

Si vous dérogez pour moi aux prérogatives de la vôtre, ſi vous daignez jetter un coup d'œil ſur la *Théorie des loix civiles*, vous y trouverez peut-être bien des choſes nouvelles ; mais il y en aura beaucoup auſſi que vous avez ſurement penſées avant moi. Je vous ai aſſez lu, je vous ai aſſez bien compris, pour être certain que vous ne me blâmerez pas d'avoir combattu les opinions de Mr. de Monteſquieu. J'ai rendu juſtice à ſon grand génie en attaquant ſes erreurs. C'eſt un eſprit brillant qui eſt ſujet à de fréquentes éclipſes. Je n'en dis pas à beaucoup près tout ce que j'en aurais pu dire. Il me reſte des matériaux pour plus d'un volume. J'aurai occaſion de les placer dans la ſuite de mon ouvrage, ſi je remplis jamais le grand projet que j'ai formé, celui d'attaquer dans ſa ſource la multiplicité des loix, des tribunaux, des coutumes, &c. De prouver que la ſimplicité, l'uniformité, ſont, ou doivent être les vrais reſſorts de la politique, & que la complication ne fait que des monſtres en tout genre. Vous ſentez qu'en dévelopant de pareils principes, il faudra souvent réfuter Mr. de Montesquieu, & c'est ce qui paraît aussi facile que nécessaire.

Je pense comme vous, Monsieur, que la littérature, les arts & tout ce qui y a raport sont des inventions très-utiles pour les riches, des ressources très-bonnes pour les hommes oisifs qui ont du superflu. Ce sont des hochets qui les amusent dans l'état d'enfance perpétuelle où les retient l'opulence. Leur vivacité s'exerce sur ces bagatelles qui les occupent. L'attention qu'ils y donnent les empêche de faire du développement de leurs forces un usage plus dangereux.

Mais je crois fermément qu'il n'en est pas ainsi de l'autre portion infiniment plus nombreuse de l'humanité que l'on appelle peuple. Ces hochets spirituels deviennent pour lui des amuletes empoisonnés qui le gâtent & le corrompent sans retour. L'état actuel de la societé le condamne à n'avoir que des bras. Tout est perdu dès qu'on le met dans le cas de s'appercevoir qu'il a aussi un esprit.

Si l'on pouvait n'illuminer qu'une de ces deux divisions du genre humain ; s'il était possible d'intercepter tous les rayons qui vont de la petite à la grande, & d'entretenir une nuit éternelle sur celle des deux seulement qui n'est utile & soumise qu'autant qu'elle y reste, j'applaudirais volontiers aux travaux des philosophes & de leurs partisans. Mais songez y, Monsieur, le soleil ne saurait se lever pour la première que le crépuscule ne s'étende jusqu'à la seconde, quelque éloignée qu'elle en soit. Celle-ci dès qu'elle est éclairée tend nécessairement à apprécier l'autre, ou à se confondre avec elle. Il s'ensuit de-là que le jour leur est funeste à toutes deux, & qu'une obscurité où elles vivent tranquilles, chacune dans leurs limites respectives, est infiniment préférable à des lumières qui ne leur apprennent qu'à se dédaigner, ou à se détester réciproquement.

Voilà, Monsieur ma petite profession de foi littéraire, à laquelle je serai toujours attaché jusqu'au martyre exclusivement, &c.

RÉPONSE
A M. L'AVOCAT L.......
Sur MONTESQUIEU & GROTIUS.

. . . .
. . . .

JE crois comme vous, Monsieur, qu'il y a plus d'une inadvertence dans l'esprit des loix. Très-peu de lecteurs sont attentifs. On ne s'est point apperçu que presque toutes les citations de Montesquieu sont fausses. Il cite le prétendu testament du cardinal Richelieu, & il lui fait dire au chapitre VI, dans le livre III, *que s'il se trouve dans le peuple quelque malheureux honnête-homme, il ne faut point s'en servir.* Ce testament qui d'ailleurs ne mérite pas la peine d'être cité, dit précisément le contraire; & ce n'est point au sixiéme, mais au quatriéme chapitre.

Il fait dire à Plutarque que les femmes n'ont aucune part au véritable amour. Il ne songe pas que c'est un des interlocuteurs qui parle ainsi, & que ce grec, trop grec est vivement réprimandé par le philosophe Daphneus, pour lequel Plutarque décide. Ce dialogue est tout consacré à l'honneur des femmes. Mais Montesquieu lisait superficiellement, & jugeait trop vîte.

C'est la même négligence qui lui a fait dire *que le Grand Seigneur n'était point obligé par la loi de tenir sa parole. Que tout le bas commerce était infâme chez les grecs. Qu'il déplore l'aveuglement de* François I, *qui rebuta Christophe Colomb qui lui proposait les Indes*, &c. Vous remarquerez que Colomb avait découvert l'Amérique avant que François I^r fut né.

La vivacité de son esprit lui fait dire au même endroit, livre IV, chapitre XIX, *que le conseil d'Espagne eut tort de défendre l'emploi de l'or en dorure. Un decret pareil, dit-il, serait semblable à celui que feraient les Etats de Hollande, s'ils défendaient la canelle.* Il ne fait pas réflexion que les Espagnols n'avaient point de manufactures, qu'ils auraient été obligés d'acheter les étoffes & les galons des étrangers ; & que les Hollandais ne pouvaient acheter ailleurs que chez eux mêmes la canelle qui croit dans leurs domaines.

Presque tous les exemples qu'il apporte sont tirés des peuples inconnus du fond de l'Asie, sur la foi de quelques voyageurs mal instruits ou menteurs.

Il affirme *qu'il n'y a de fleuve navigable en Perse que le Cirus*. Il oublie le Tigre, l'Euphrate, l'Oxus, l'Araxe & le Phaze, le Cirus, l'Indus même qui a coulé longtems sous les loix des rois de Perse. Chardin nous assure dans son troisième tome, que le fleuve Zenderoud qui traverse Ispahan est aussi large que la Seine à Paris, & qu'il submerge souvent des maisons sur les quais de la ville.

Malheureusement le système de l'esprit des loix a pour fondement une antithèse qui se trouve fausse. Il dit *que les monarchies sont établies sur l'honneur & les républiques sur la vertu*. Et pour soutenir ce prétendu bon mot; *la nature de l'honneur* (dit-il, livre III, chapitre VII) *est de demander des préférences, des distinctions. L'honneur est donc, par la chose même, placé dans le gouvernement monarchique*. Il devrait songer que *par la chose même* on briguait dans la république Romaine la préture, le consulat, le triomphe, des couronnes & des statues.

J'ai

J'ai pris la liberté de rélever plusieurs méprises pareilles dans ce livre d'ailleurs très-estimable. Je ne serai pas étonné que cet ouvrage célèbre vous paraisse plus rempli d'épigrammes, que de raisonnemens solides ; & cependant il y a tant d'esprit & de génie qu'on le préférera toujours à Grotius & à Puffendorf; leur malheur est d'être ennuyeux ; ils sont plus pesants que graves.

Grotius, contre lequel vous vous élevez avec tant de justice, a extorqué de son tems une réputation qu'il était bien loin de mériter. Son *Traité de la Religion chrétienne* n'est pas estimé des vrais savans. C'est-là qu'il dit au chapitre XXII de son premier Livre : *que l'embrazement de l'univers est annoncé dans Histape & dans les Sybilles.* Il ajoute à ces témoignages ceux d'Ovide & de Lucain. Il cite Lycophron pour prouver l'histoire de Jonas.

Si vous voulez juger du caractère de l'esprit de Grotius, lisez sa harangue à la Reine *Anne d'Autriche* sur sa grossesse. Il la compare à *la Juive Anne* qui eut des enfans étant vieille. Il dit que les dauphins en faisant des gambades sur l'eau annoncent la fin

M

des tempêtes ; & que par la même raison le petit dauphin, qui remue dans son ventre, annonce la fin des troubles du royaume.

Je vous citerais cent exemples de cette éloquence de collège dans ce Grotius qu'on a tant admiré. Il faut du tems pour apprécier les livres & pour fixer les réputations.

Ne craignez pas que le bas peuple lise jamais Grotius & Puffendorf, il n'aime pas à s'ennuyer. Il lirait plutôt (s'il le pouvait) quelques chapitres de l'Esprit des loix qui sont à portée de tous les esprits, parce qu'ils sont très-naturels & très-agréables. Mais distinguons dans ce que vous appellez peuple, les professions qui exigent une éducation honnête & celles qui ne demandent que le travail des bras & une fatigue de tous les jours. Cette dernière classe est la plus nombreuse. Celle-là pour tout délassement & pour tout plaisir, n'ira jamais qu'à la grand'messe & au cabaret, parce qu'on y chante & qu'elle y chante elle-même. Mais pour les artisans plus relevés, qui sont forcés par leurs professions mêmes, à réfléchir beaucoup à perfectionner leur goût, à étendre leurs lumières ; ceux-là commencent à lire dans toute l'Europe. Vous ne connaissez guères à Paris les Suisses, que par ceux qui sont aux portes des grands seigneurs, ou par ceux à qui Molière fait parler un patois inintelligible dans quelques farces; mais les Parisiens seraient étonnés s'ils voyaient dans plusieurs villes de Suisse & surtout dans Genève, presque tous ceux qui sont employés aux manufactures passer à lire le tems qui ne peut être consacré au travail. Non, Monsieur, tout n'est point perdu, *quand on met le peuple en état de s'appercevoir qu'il a un esprit*. Tout est perdu au contraire quand on le traite comme une troupe de taureaux. Car tôt ou tard ils vous frapent de leurs cornes. Croyez-vous que le peuple ait lu & raisonné dans les guerres civiles de la rose rouge & de la rose blanche en Angleterre, dans celle qui fit périr Charles I sur un échaffaut, dans les horreurs des Armagnacs & des Bourguignons, dans celles mêmes de la ligue? Le peuple ignorant & féroce était mené par quelques docteurs fanatiques qui criaient tuez tout au nom de Dieu. Je défierais aujourd'hui Cromwel de bouleverser l'Angleterre par son galimatias d'energumène, Jean de Leide de se faire roi de

Munster & le cardinal de Retz de faire des barricades à Paris. Enfin, Monsieur, ce n'est pas à vous d'empêcher les hommes de lire. Vous y perdriez trop, &c.

REPONSE
A LA LETTRE DE M. L. C.

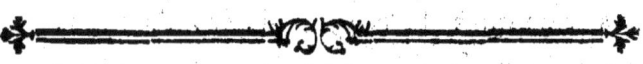
du 23 Décembre 1768.

SI vous voulez, Monsieur, vous appliquer sérieusement à l'étude de la nature, permettez-moi de vous dire qu'il faut commencer par ne faire aucun système. Il faut se conduire comme les Boyle, les Galilée, les Newton, examiner, peser, calculer & mesurer, mais jamais déviner.

Newton n'a jamais fait de système; il a vu, il a fait voir; mais il n'a point mis ses imaginations à la place de la vérité. Ce que nos yeux & les mathématiques nous démontrent, il faut le tenir pour vrai; dans tout le reste il n'y a qu'à dire, *j'ignore*.

Il est incontestable que les marées suivent exactement le cours du soleil & de la lune:

il est mathématiquement démontré que ces deux astres pèsent sur notre globe, & en quelle proportion ils pèsent. De-là Newton a non-seulement calculé l'action du soleil & de la lune sur les marées de l'océan ; mais encor l'action de la terre & du soleil sur les eaux de la lune, (supposé qu'il y ait des eaux). Il est étrange, à la vérité, qu'un homme ait pu faire de telles découvertes ; mais cet homme s'est servi du flambeau des mathématiques, le seul flambeau qui éclaire.

Gardez-vous donc bien, Monsieur, de vous laisser séduire par l'imagination : il faut la renvoyer à la poësie & la bannir de la physique. Imaginer un feu central pour expliquer le flux de la mer, c'est comme si on résolvait un problème par un madrigal.

Qu'il y ait du feu dans tous les corps, c'est une vérité dont il n'est pas permis de douter : il y en a dans la glace même ; & l'expérience le démontre. Mais qu'il y ait une fournaise précisément dans le centre de la terre, c'est une chose que personne ne peut savoir, qui n'est nullement probable

& que par conséquent on ne peut admettre en physique.

Quand même ce feu existerait, il ne rendrait raison ni des grandes marées des équinoxes & des solstices, ni de celles des pleines lunes, ni pourquoi les mers qui ne communiquent point à l'océan n'ont aucune marée, ni pourquoi les marées retardent avec la lune, &c. Donc il n'y aurait pas la moindre raison d'admettre ce prétendu foyer pour cause du gonflement des eaux.

Vous demandez, Monsieur, ce que deviennent les eaux des fleuves portées à la mer. Ignorez-vous qu'on a calculé combien l'action du soleil, à un degré de chaleur donné, en un tems donné, enlève d'eau, pour la résoudre ensuite en pluye par le secours des vents.

Vous dites, Mr., que vous trouvez très-mal imaginé ce que plusieurs auteurs avancent que les neiges, & les pluyes suffisent à la formation des rivières. Comptez que cela n'est ni bien, ni mal imaginé; mais que c'est une vérité reconnue par le calcul. Vous pouvez consulter sur cela Mariotte & les Transactions d'Angleterre.

En un mot, Mr., s'il m'eſt permis de répondre à l'honneur de votre lettre par des conſeils, liſez-les bons auteurs qui n'ont que l'expérience & le calcul pour guides; & ne regardez tout le reſte que comme des romans indignes d'occuper un homme qui veut s'inſtruire. Je ſuis &c.

(*Le* 31 *Décembre* 1768.)

AU MÊME
SUR LES QUALITÉS OCCULTES.

OUi, Monſieur, je l'ai dit, je le redis, & je le redirai, malgré la certitude d'ennuier, que la doctrine des qualités occultes eſt ce que l'antiquité a produit de plus ſage & de plus vrai. La formation des éléments, l'émiſſion de la lumière, animaux, végétaux, mineraux, notre naiſſance, notre vie, notre mort, la veille, le ſommeil, les ſenſations, la penſée, tout eſt qualité occulte.

Deſcartes ſe crut fort au deſſus d'Ariſtote, lorſqu'il répéta en français ce que ce ſage avait dit en grec. *Il faut commencer par douter*. Il ne devait pas, après avoir douté, créer un monde avec des dez, faire de ces dez une matiere globuleufe, une rameufe & une fubtile; compofer des aftres avec de tels ingrédiens, & imaginer dans la nature une mécanique contraire à toutes les loix du mouvement.

Cet extravagant roman réuffit quelque tems, parce que les romans étaient alors à la mode. Cirus & Clélie valaient beaucoup mieux, car il n'induifaient perfonne en erreur. Apprenez-moi l'hiftoire du monde, fi vous la favez, mais gardez-vous de l'inventer.

Voyez, tâtez, mefurez, pefez, nombrez, affemblez, féparez, & foyez fûr que vous ne ferez jamais rien de plus.

Newton a calculé la gravitation, mais il n'en a pas découvert la caufe. Pourquoi cette caufe eft-elle occulte? C'eft qu'elle eft premier principe.

Nous favons les loix du mouvement ; mais la caufe du mouvement étant premier principe, fera éternellement cachée. Vous êtes en vie, mais comment ? Vous n'en faurez jamais rien. Vous avez des fenfations, des idées, mais devinerez-vous ce qui vous les donne ? Cela n'eſt-il pas la choſe du monde la plus occulte ?

On a donné des noms a un certain nombre de facultés qui ſe développent en nous, à meſure que nos organes prennent un peu de force au ſortir des téguments où nous avons été renfermés neuf mois, (ſans qu'on ſache même ce que c'eſt que cette force.) Si nous nous ſouvenons de quelque choſe, on dit, c'eſt de la mémoire ; ſi nous mettons quelques idées en ordre, c'eſt du jugement ; ſi nous formons un tableau ſuivi de quelques autres idées éparſes, dont le ſouvenir s'eſt préſenté à nous, cela s'appelle de l'imagination. Et le réſultat ou le principe de ces qualités eſt appellé *ame*, choſe mille fois plus occulte encore.

Or, s'il vous plaît, puiſqu'il eſt très-vrai qu'il n'eſt point dans vous un être à part qui s'appelle ſenſibilité, un autre qui ſoit mémoire, un troiſième qui s'appelle jugement, un quatrième qui s'appelle imagination, concevrez-vous aiſément que vous en ayez un cinquiéme, compoſé des quatre autres qui n'exiſtent point ?

Qu'entendait-on autrefois quand on pronouçait en grec le mot de *Pſiché*, ou celui de *Nous* ? Entendait-on une propriété de l'homme ? ou un être particulier caché dans l'homme ? N'était-ce pas l'expreſſion occulte d'une choſe très-occulte ?

Toutes les ontologies, toutes les pſicologies ne ſont-elles pas des rêves ? On s'ignore dans le ventre de ſa mère ; c'eſt-là pourtant que les idées devraient être les plus pures, car on eſt moins diſtrait. On s'ignore en naiſſant, en croiſſant, en vivant, en mourant.

Le premier raiſonneur qui s'écarta de cette ancienne philoſophie des qualités occultes, corrompit l'eſprit du genre humain. Il nous plongea dans un labyrinte dont il nous eſt aujourd'hui impoſſible de nous tirer.

Combien plus ſage avait été le premier ignorant qui avait dit à l'Etre auteur de tout, „ Tu m'as fait ſans que j'en euſſe connaiſ„ ſance, & tu me conſerves ſans que je „ puiſſe deviner comment je ſubſiſte. J'ai „ accompli une des loix les plus abſtruſes „ de la phyſique en ſuçant le teton de ma „ nourrice : & j'en accomplis une beaucoup „ plus ignorée en mangeant, & en digérant „ les alimens dont tu me nourris. Je ſais „ encor moins comment des idées entrent

„ dans ma tête pour en sortir le moment
„ d'après sans jamais reparaître ; & com-
„ ment d'autres y restent toute ma vie quel-
„ qu'effort que je fasse pour les en chasser.
„ Je suis un effet de ton pouvoir occulte
„ & suprème, à qui les astres obéissent com-
„ me moi. Un grain de poussière que le vent
„ agite ne dit point c'est moi qui commande
„ aux vents. *In te vivimus movemur & su-*
„ *mus ; Tu es le seul Etre ; tout le reste est*
„ *mode* ".

C'est là cette philosophie des qualités occultes que le père Malebranche entrevit dans le dernier siècle. S'il avait pu s'arrêter sur le bord de l'abîme, il eut été le plus grand, ou plutôt le seul métaphysicien ; mais il voulut parler au verbe ; il sauta dans l'abîme, & il disparut.

Il avait dans ses deux premiers livres frappé aux portes de la vérité. L'auteur de l'Action de Dieu sur les créatures tourna tout autour, mais comme un aveugle tourne la meule. Un peu avant ce tems il y avait un philosophe qui était leur maître sans qu'ils le sussent. Dieu me garde de le nommer.

Depuis ce tems, nous n'avons eu que des

gens d'esprit ; desquels il faut excepter le grand Loke qui avait plus que de l'esprit, &c.

A Mr. P.
Avocat au Parlement de Dijon,
SUR QUELQUES LOIX OU COUTUMES.

A Ferney le 28 Décembre 1771.

JE vous remercie, Monsieur, de nous avoir fait connaitre nos usages barbares. J'ai lu ce qui regarde l'esclavage de la main-morte avec d'autant plus d'attention & d'intérêt, que je travaille depuis une année en faveur de ceux qu'on appelle francs, & qui sont esclaves, & même esclaves de moines. St. Pacôme & St. Hilarion, ne s'attendaient pas qu'un jour leurs successeurs auraient plus de serfs de main-morte que n'en eut Attila ou Genseric. Nos moines disent qu'ils ont succédé aux droits des conquérans, & que leurs vassaux ont succédé aux peuples conquis. Le procès est actuellement au conseil. Nous le perdrons sans doute, tant les vieilles coutumes ont de force, & tant les faints ont de vertu.

On rit du péché originel; on a tort. Tout le monde a fon péché originel. Le péché de ces pauvres ferfs, au nombre de plus de cent mille dans le royaume, eft que leurs pères laboureurs Gaulois ne tuèrent pas le petit nombre de barbares Vifigoths, ou Bourguignons, ou Francs, qui vinrent les tuer & les voler. S'ils s'étaient défendus comme les Romains contre les Cimbres, il n'y aurait pas aujourd'hui de procès pour la mainmorte. Ceux qui jouiffent de ce beau droit affurent qu'il eft droit divin : je le crois comme eux ; car affurément il n'eft pas humain. Je vous avoue, Monfieur, que j'y renonce de tout mon cœur ; je ne veux ni mainmorte, ni échutte dans le petit coin de terre que j'habite, & je m'en trouve bien. J'aime fort l'édit de Henri II, adopté par le Parlement de Paris. Pourquoi n'eft-il pas reçu dans tous les autres Parlemens ? Prefque toute notre ancienne jurifprudence eft ridicule, barbare, contradictoire. Ce qui eft vrai en-deçà de mon ruiffeau eft faux au-delà. Toutes nos coutumes ne font bonnes qu'à jetter au feu. Il n'y a qu'une loi & une mesure en Angleterre.

Vous citez l'Esprit des loix. Hélas! il n'a remédié & ne remédiera jamais à rien. Ce n'est pas parce qu'il cite faux trop souvent; ce n'est pas parce qu'il songe presque toujours à montrer de l'esprit. C'est parce qu'il n'y a qu'un Roi qui puisse faire un bon livre sur les loix en les changeant toutes. Agréez, Monsieur, mes remerciements, &c.

A MONSIEUR
LE BARON DE FAUGERES,

Officier de marine, sur un monument qu'il proposa d'ériger aux Grands-hommes du siècle de Louis XIV, dans la place de Montpellier.

Vous proposez, Monsieur, qu'autour de la statue élevée à Montpellier à *Louis XIV* après sa mort, on dresse des monuments aux grands-hommes qui ont illustré son siècle en tout genre. Ce projet est d'autant plus beau que depuis quelques années il semble qu'on ait formé parmi nous une cabale pour rabaisser tout ce qui a fait la gloire de ces tems mémorables. On s'est lassé des chef-d'œuvres du siècle passé. On s'efforce de rendre Louis XIV petit, & on lui reproche surtout d'avoir voulu être grand. La nation en général donne la préférence à Henri IV, & l'exclusion à tous les autres rois. Je n'examine pas si c'est justice ou inconstance, si notre raison perfectionnée connait mieux le vrai mérite aujourd'hui qu'autrefois; je remarque seulement que du tems de Henri IV, elle ne connaissait point du tout le mérite; elle ne le sentait point. On on ne me connait pas, disait ce bon prince au duc de Sulli, on me regrettera. En effet, Monsieur, ne dissimulons rien; il était haï & peu respecté. Le fanatisme qui le persécuta dès son berceau, conspira cent fois contre sa vie, & la lui arracha enfin au milieu de ses grands officiers, par la main d'un ancien moine feuillant devenu fou, enragé de la rage de la ligue. Nous lui fesons aujourd'hui amande honorable; nous le préférons à tous les rois, quoique nous conservions encore & pour longtems un grande partie des préjugés qui ont concouru à l'affaſſinat du meilleur des rois.

Mais ſi Henri IV fut grand, ſon ſiècle ne le fut en aucun genre. Je ne parlerai pas ici de cette foule de crimes & d'infamies dont la ſuperſtition & la diſcorde ſouillèrent la france. Je m'arrête aux arts dont vous voulez éternifer la gloire. Ils étaient ou ignorez, ou très-mal exercés, à commencer par celui de la guerre. On la fefait depuis quarante ans, & il n'y eut pas un ſeul homme qui laiſſa la réputation d'un général habile, pas un que la poſtérité ait mis à côté d'un prince de Parme, d'un prince d'Orange. Pour la marine, Monſieur, vous qui vous y êtes diſtingué, vous ſavez qu'elle n'exiſtait pas alors. Les arts de la paix qui font le charme de la ſociété, qui embelliſſent les villes, qui éclairent l'eſprit, qui adouciſſent les mœurs, tout cela nous fut étranger; tout cela n'eſt né que dans l'âge qui vit naître & mourir Louis XIV.

J'ai peine à concevoir l'acharnement avec lequel on pourſuit aujourd'hui la mémoire du grand Colbert qui contribua tant à faire fleurir

fleurir tous ces arts & fur tout la marine qui eft un des principaux objets de votre grand deffein. Vous favez, Monfieur, qu'il créa cette marine fi longtems formidable. La france deux ans avant fa mort avait cent-quatre-vingt vaiffeaux de guerre & trente galères. Les manufactures, le commerce, les compagnies de négoce dans l'orient & dans l'occident, tout fut fon ouvrage. On peut lui être fupérieur, & c'eft affurément une grande louange ; mais on ne poura jamais l'éclipfer.

Il en fera de même dans les arts de l'efprit, comme en éloquence, en poëfie, en philofophie & dans les arts ou l'efprit conduit la main, comme en architecture, en peinture, en fculpture, en mécanique. Les hommes qui embellirent le fiècle de Louis XIV, par tous ces talens ne feront jamais oubliés, quel que ce foit le mérite de leurs fucceffeurs. Les premiers qui marchent dans une carrière, reftent toujours à la tête des autres dans la poftérité. Il n'y a de gloire que pour les inventeurs, a dit Newton dans fa querelle avec Leibnitz, & il avait raifon. Il faut regarder comme inventeur, un Pafcal qui forma en effet un genre d'éloquence nouveau ; un Pellisson qui défendit Fouquet du même stile dont Cicéron avait défendu le roi Dejotarus devant Céfar ; un Corneille qui fut parmi nous le créateur de la tragédie, même en copiant le cid espagnol ; un Molière qui inventa réellement & perfectionna la comédie ; & si Descartes ne s'était pas écarté dans ses inventions de son guide la géométrie, si Malebranche avait su s'arrêter dans son vol, quels hommes ils auraient été !

Tout le monde convient que ce grand siècle passé fut celui du génie. Mais après les hommes qu'on regarde comme inventeurs, viennent souvent, je ne dis pas des disciples formés dans l'école de leurs maîtres, ce qui ferait louable, mais des singes qui s'efforcent de gâter l'ouvrage de ces maîtres inimitables. Ainsi après que Newton a découvert la nature de la lumière arrive un Castel qui veut enchérir, & qui propose un clavessin occulaire.

A peine a-t-on découvert avec le microscope un nouveau monde en petit, que voila un Néedham qui imagine avoir fait une république d'anguilles, lesquelles accouehent fur le champ d'autres anguilles, le tout dans une goute de bouillon ou dans une goute d'eau qui a bouilli avec du bled ergotté. Les animaux, les végétaux font produits fans germe, & pour comble de ridicule cela eft appellé le fublime de l'hiftoire naturelle.

Si tôt que de vrais philofophes eurent calculé l'action du foleil & de la lune fur le flux & le reflux des mers, des romanciers au deffous de Cirano de Bergerac écrivent l'hiftoire des tems ou ces mers couvraient les Alpes & le Caucafe, & ou l'univers n'était habité que par des poiffons. Ils nous découvrent enfuite, la grande époque dans laquelle les marfouins nos ayeux devinrent hommes, & comment leur queue fourchue fe changea en cuiffes & en jambes. C'eft-là le grand fervice que Teliamed a rendu depuis peu au genre humain.

Ainfi, Monfieur, dans tous les arts, dans toutes les profeffions, les charlatans fuccèdent aux bons maîtres. Et faffe le ciel que nous n'ayons jamais de charlatans plus funeftes.

Puiffe votre projet être exécuté, puiffent

tous les génies qui ont décoré le siècle de Louis XIV, reparaître dans la place de Montpellier, autour de la statue de ce roi, & inspirer aux siècles avenir une émulation éternelle, &c.

LETTRE

A UN ECCLESIASTIQUE,

Auteur d'un Poëme épique sur  la conquête de la Terre-promise, en douze chants, imprimés à Paris, chez Delalain libraire rue St. Jacques en 1766, avec privilège du Roi.

NOn-seulement, Monsieur, celui que vous aviez chargé de me faire parvenir votre poëme de la Terre-promise ne m'a point envoyé votre bel ouvrage; mais il ne m'en a point parlé; il ne m'a pas cru capable de lire un poëme aussi curieux. Je sens tout le prix de ce que j'ai perdu. Rien n'est plus poétique sans doute que les conquêtes de Josué, & tout ce qui les a précédées & suivies. Aucune fiction grecque n'en approche; chaque événement est prodige; & les miracles y font un effet d'autant plus admirable qu'on ne peut pas dire que l'auteur y amène la divinité comme les poëtes grecs, qui faisaient descendre un Dieu sur la scène, quand ils ne savaient comment dénouer leur intrigue. On voit le doigt de Dieu par tout dans le sujet de votre ouvrage, sans que l'intervention divine soit une ressource nécessaire. Josué pouvait aisément passer à gué le Jourdain qui n'a pas quarante-cinq pieds de large, & qui est guéable en cent endroits; mais Dieu fait remonter le fleuve vers sa source pour manifester sa gloire.

Il n'était pas nécessaire que Jérico tombât au son des cornemuses; puisque Josué avait des intelligences dans la ville, par le moyen de Raab la prostituée; mais Dieu fait tomber les murs avec sept processions, pour faire voir qu'il est le maître de tous les murs. Les Amorrhéens étaient déja écrasés par une pluie de pierres tombées du ciel; il n'était pas nécessaire que Dieu arrêtât le soleil & la lune à midi, pour que Josué triomphât de ce peu de gens qui venaient d'être lapidés d'en-haut. Si Dieu arrête le soleil & la lune, c'est pour faire voir aux juifs que le soleil & la lune dépendent de lui.

Ce qui me paraît encor de plus favorable à la poësie, c'est que le sujet est petit, & les moyens grands. Josué ne conquit à la vérité que trois ou quatre lieues de pays, qu'on perdit bientôt après; mais la nature entière est en convulsion pour la petite tribu d'Ephraïm. C'est ainsi qu'Enée, dans Virgile, s'établit dans un village d'italie avec le secours des Dieux. Le grand avantage que vous avez sur Virgile, c'est que vous chantez la vérité, & qu'il n'a chanté que le mensonge. Vous avez l'un & l'autre des héros pieux, ce qui est encor un avantage. Il est vrai qu'on pourait reprocher quelques cruautés à Josué, mais elles sont sacrées, ce qui est bien un autre avantage. Il n'y a même que trente Rois de condamnés à être pendus dans ce petit pays de quatre lieues, pour avoir osé résister à un étranger envoyé par le Seigneur. Et vous prouverez, quand il vous plaira qu'on ne saurait pendre pour la bonne cause trop de princes hérétiques.

Jugez, Monsieur, quel est mon regret de n'avoir pu lire, dans ma terre non promise votre poëme épique fur la Terre-promife, qui me fait concevoir de fi hautes efpérances.

J'ai l'honneur d'être avec tous les fentimens que je vous dois &c.

A MONSIEUR
HORACE WALPOLE.

A Ferney le 15 Juillet 1768.

MONSIEUR,

IL y a quarante ans que je n'ofe plus parler anglais ; & vous parlez notre langue très-bien. J'ai vu des lettres de vous écrites comme vous penfez. D'ailleurs mon âge & mes maladies ne me permettent pas d'écrire de ma main. Vous aurez donc mes remerciemens dans ma langue.

Je viens de lire la préface de votre *Hiftoire de Richard III*. Elle me paraît trop courte : quand on a fi vifiblement raifon, & qu'on joint à fes connaiffances une philofophie fi ferme & un ftyle fi mâle, je voudrais qu'on me parlât plus longtems. Votre père était un grand miniftre & un bon orateur ; mais je doute qu'il eut pu écrire comme vous. Vous ne pouvez pas dire *quia pater major me eſt*.

J'ai toujours penſé comme vous, Monſieur, qu'il faut ſe défier de toutes les hiſtoires anciennes. Fontenelle, le ſeul homme du ſiècle de Louis XIV, qui fut à la fois poëte, philoſophe & ſavant, diſait qu'elles étaient *des fables convenues*. Et il faut avouer que Rollin a trop compilé de chimères & de contradictions.

Après avoir lu la préface de votre Hiſtoire, j'ai lu celle de votre Roman. Vous vous y moquez un peu de moi : les français entendent raillerie ; mais je vais vous répondre ſérieuſement.

Vous avez preſque fait accroire à votre nation que je mépriſe Shakeſpear. Je ſuis le premier qui ai fait connaître Shakeſpear aux français ; j'en traduiſis des paſſages il y a quarante ans, ainſi que de Milton, de Waller, de Rocheſter, de Driden & de Pope. Je peux vous aſſurer qu'avant moi perſonne en france ne connaiſſait la poëſie anglaiſe. A peine avait-on entendu parler de Loke. J'ai été perſécuté pendant trente ans par une nuée de fanatiques, pour avoir dit que

Loke eſt l'Hercule de la métaphyſique, qui a poſé les bornes de l'eſprit humain.

Ma deſtinée a encor voulu que je fuſſe le premier qui ait expliqué à mes concitoyens les *découvertes* du grand Newton, que quelques perſonnes parmi nous appellent encor des *ſyſtêmes*. J'ai été votre apôtre & votre martyr : en vérité il n'eſt pas juſte que les anglais ſe plaignent de moi.

J'avais dit il y a très-longtems que ſi Shakeſpear était venu dans le ſiècle d'Adiſſon, il aurait joint à ſon génie l'élégance & la pureté qui rendent Adiſſon recommandable. J'avais dit *que ſon génie était à lui, & que ſes fautes étaient à ſon ſiècle*. Il eſt préciſément à mon avis comme le Lopez de Véga des eſpagnols & comme le Calderon. C'eſt une belle nature, mais bien ſauvage ; nulle régularité, nulle bienſéance, nul art ; de la baſſeſſe avec de la grandeur ; de la bouffonnerie avec du terrible : c'eſt le chaos de la tragédie dans lequel il y a cent traits de lumière.

Les italiens, qui reſtaurèrent la tragédie un ſiècle avant les anglais & les eſpagnols ne ſont point tombés dans ce défaut ; ils ont mieux imité les grecs. Il n'y a point de bouffons dans l'*Oedipe* & dans l'*Electre* de Sophocle. Je foupçonne fort que cette groſſiéreté eut fon origine dans nos *Fous de Cour*. Nous étions un peu barbares tous tant que nous fommes en deçà des Alpes. Chaque prince avait fon *Fou* en titre d'office. Des rois ignorants élevés par des ignorants ne pouvaient connaître les plaiſirs nobles de l'eſprit : ils dégradèrent la nature humaine au point de payer des gens pour leur dire des fottifes. De là vint notre *Mère fotte*; & avant Molière il y avait toujours un fou de Cour dans preſque toutes les comédies. Cette mode eſt abominable.

J'ai dit, il eſt vrai, Monſieur, ainſi que vous le rapportez, qu'il y a des comédies férieufes, telles que le *Mifantrope*, lefquelles font des chefs-d'œuvres, qu'il y en a de très-plaifantes, comme George Dandin; que la plaifanterie, le férieux, l'attendriſſement peuvent très-bien s'accorder dans la même comédie. J'ai dit que tous les genres font bons hors le genre ennuieux. Oui, Monſieur; mais la groſſiéreté n'eſt point un genre. *Il y a beaucoup de logements dans la maifon de mon père*; mais je n'ai jamais prétendu qu'il fut honnête de loger dans la même chambre Charles-quint & Don Japhet d'Arménie, Auguste & un matelot ivre, Marc-Aurele & un bouffon des rues. Il me semble qu'Horace pensait ainsi dans le plus beau des siècles : consultés son art poëtique. Toute l'Europe éclairée pense de même aujourd'hui ; & les espagnols commencent à se défaire à la fois du mauvais goût comme de l'inquisition : car le bon esprit proscrit également l'un & l'autre.

Vous sentez si bien, Monsieur, à quel point le trivial & le bas défigurent la tragédie, que vous reprochez à Racine de faire dire à Antiochus dans *Bérénice*.

<pre>
De son appartement cette porte est prochaine,
Et cette autre conduit dans celui de la Reine.
</pre>

Ce ne sont pas là certainement des vers héroïques; mais ayez la bonté d'observer qu'ils sont dans une scène d'*exposition* laquelle doit être simple. Ce n'est pas là une beauté de poësie, mais c'est une beauté d'exactitude, qui fixe le lieu de la scène; qui met tout d'un coup le spectateur au fait & qui l'avertit que tous les personnages paraîtront dans ce cabinet lequel est commun aux autres appartements ; fans quoi il ne ferait point vraifemblable que Titus, Bérénice & Antiochus parlaffent toujours dans la même chambre.

Que le lieu de la fcène y foit fixe & marqué.
dit le fage Defpreaux, l'oracle du bon goût dans fon *Art poëtique*, égal pour le moins à celui d'Horace. Notre excellent Racine n'a prefque jamais manqué à cette règle : & c'eft une chofe digne d'admiration qu'*Athalie* paraiffe dans le temple des juifs, & dans la même place où l'on a vu le Grand-prêtre, fans choquer en rien à la vraifemblance.

Vous pardonnerez encor plus, Monfieur, à l'illuftre Racine, quand vous vous fouviendrez que la pièce de Bérénice était en quelque façon l'hiftoire de *Louis XIV* & de votre princeffe anglaife fœur de *Charles fecond*. Ils logeaient tous deux de plein-pied à St. Germain & un fallon féparait leurs appartemens.

Je remarquerai en paffant que Racine fit jouer fur le théatre les amours de Louis XIV avec fa belle-fœur, & que ce Monarque lui en fut très-bon gré. Un fot tiran aurait pu le punir. Je remarquerai encor que cette Bérénice fi tendre, fi délicate, fi défintéreffée, à qui Racine prétend que Titus devait toutes ses vertus, & qui fut sur le point d'être impératrice, n'était qu'une juive insolente & débauchée, qui couchait publiquement avec son frère Agrippa second. Juvenal l'appelle barbare incestueuse. J'observe en troisième lieu qu'elle avait quarante-quatre ans quand Titus la renvoya. Ma quatrième remarque, c'est qu'il est parlé de cette maîtresse juive de Titus dans les actes des Apôtres. Elle était encor jeune lorsqu'elle vint selon l'auteur des actes, voir le gouverneur de Judée Festus, & lorsque Paul étant accusé d'avoir souillé le temple, se défendait en soutenant qu'il était toujours bon pharisien. Mais laissons là le pharisianisme de Paul, & les galanteries de Bérénice. Revenons aux règles du théatre qui sont plus intéressantes pour les gens de Lettres.

Vous n'observez, vous autres libres Bretons, ni *unité de lieu*, ni *unité de tems*, ni *unité d'action*. En vérité vous n'en faites pas mieux; la vraisemblance doit être comptée pour quelque chose. L'art en devient plus difficile; & les difficultés vaincues donnent en tout genre du plaisir & de la gloire.

Permettez-moi, tout anglais que vous êtes,

de prendre un peu le parti de ma nation. Je lui dis si souvent ses vérités qu'il est bien juste que je la caresse, quand je crois qu'elle a raison. Oui, Monsieur, j'ai cru, je crois & je croirai que Paris est très-supérieur à Athènes en fait de tragédies & de comédies. Molière & même Régnard me paraissent l'emporter sur Aristophane, autant que Démosthène l'emporte sur nos Avocats. Je vous dirai hardiment que toutes les tragédies grecques me paraissent des ouvrages d'écoliers en comparaison des *sublimes scènes* de Corneille, & des *parfaites tragédies* de Racine. C'était ainsi que pensait Boileau lui-même, tout admirateur des anciens qu'il était. Il n'a fait nulle difficulté d'écrire au bas du portrait de Racine que ce grand homme avait surpassé Euripide & balancé Corneille.

Oui, je crois démontré qu'il y a beaucoup plus d'hommes de goût à Paris que dans Athènes. Nous avons plus de trente mille ames à Paris qui se plaisent aux beaux arts, & Athènes n'en avait pas dix mille ; le bas peuple d'Athènes entrait au spectacle, & il n'y entre pas chez nous ; excepté quand on lui donne un spectacle gratis dans des occafions folemnelles ou ridicules. Notre commerce continuel avec les femmes a mis dans nos fentimens beaucoup plus de délicateffe, plus de bienféance dans nos mœurs & plus de fineffe dans notre goût. Laiffez-nous notre théâtre, laiffez aux italiens leurs *Favole boscarecie* ; vous êtes affez riches d'ailleurs.

De très mauvaifes pièces, il eft vrai, ridiculement intriguées, barbarement écrites, ont pendant quelque tems à Paris des fuccès prodigieux foutenus par la cabale, l'efprit de parti, la mode, la protection paffagère de quelques perfonnes accréditées. C'eft l'ivreffe du moment, mais en très-peu d'années l'illufion fe diffipe. Don Japhet d'Arménie & Turcaret font renvoyés à la populace & le fiége de Calais n'eft plus eftimé qu'à Calais.

Il faut que je vous dife encor un mot fur la rime que vous nous reprochez. Prefque toutes les pièces de Driden font rimées. C'eft une difficulté de plus ; les vers qu'on retient de lui, & que tout le monde cite, font rimés : & je foutiens encore que *Cinna*, *Athalie*, *Phèdre*, *Iphigénie* étant rimées, quiconque voudrait fecouer ce joug, en france, serait regardé comme un Artifte faible qui n'aurait pas la force de le porter.

En qualité de vieillard, je vous dirai une anecdote. Je demandais un jour à Pope pourquoi Milton n'avait pas rimé fon poëme dans le tems que les autres poëtes rimaient leurs poëmes à l'imitation des Italiens ; il me répondit : *becaufe he could not.*

Je vous ai dit, Monfieur, tout ce que j'avais fur le cœur. J'avoue que j'ai fait une groffe faute en ne faifant pas attention que le comte Leicefter s'était d'abord appellé Dudley ; mais fi vous avez la fantaifie d'entrer dans la chambre des Pairs & de changer de nom, je me fouviendrai toujours du nom de Walpol avec l'eftime la plus refpectueufe.

Avant le départ de ma lettre, j'ai eu le tems, Monfieur, de lire votre *Richard III.* Vous feriez un excellent *Attornei géneral.* Vous pefez toutes les probabilités, mais il parait que vous avez une inclination fecrette pour ce boffu. Vous voulez qu'il ait été beau garçon & même galant homme. Le bénédictin Calmet a fait une differtation pour prouver que Jéfus-Chrift avait un fort beau vifage. Je veux croire avec vous que *Richard III.*
n'était

n'était ni fi laid, ni fi méchant qu'on le dit ; mais je n'aurais pas voulu avoir à faire à lui. Votre *Rose blanche* & votre *Rose rouge* avaient de terribles épines pour la nation.

Those gratious Kings are all a pack of rogues.

En vérité en lisant l'histoire des York, des Lancastre & de bien d'autres, on croit lire l'histoire des voleurs de grands chemin. Pour votre *Henri VII*, il n'était qu'un coupeur de bourse. &c.

Je suis avec respect &c.

A UN M...... D'ET...

En Juillet 1767.

Vous savez Mgr. qu'au sortir du grand conseil tenu pour le testament du Roi d'Espagne, Louis XIV rencontra trois de ses filles qui jouaient & leur dit ; eh bien quel parti prendriez vous à ma place ? Ces jeunes princesses dirent leur avis au hazard, & le roi leur repliqua, de quelque avis que je sois, j'aurai des censeurs.

Vous daignez en user avec un vieillard ignorant comme fit Louis XIV avec ses enfans. Cette plaisanterie vous amuse. Mr. le curé aime quelquefois que gros Jean lui remontre.

Je remontre donc d'abord que tous les hommes ont été, sont & seront menés par les événemens. Je respecte fort le cardinal de Richelieu, mais il ne s'engagea avec Gustave Adolphe, que quand Gustave eut débarqué en Poméranie sans le consulter ; il profita de la circonstance. Le cardinal Mazarin profita de la mort du duc de Veimar, il obtint l'alsace pour la france, & le duché de Rhetel pour lui. Louis XIV, quoi qu'on en dife, ne s'attendait point du tout, en fefant la paix de Rifvik, que fon petit fils aurait trois ans après la fucceffion de Charlequint. Il s'attendait encor moins qu'un jour la première guerre de fon petit fils ferait contre fon oncle. Rien de ce que vous avez vu n'a été prévu. Vous favez que le hazard fit la paix avec l'angleterre, fignée par ce beau lord Bolinbroke fur les belles feffes de Mad^e. P.... Vous ferez donc comme tous les grands hommes de votre efpèce qui ont mis à profit les circonftances où ils fe font trouvés.

Le grand point eft, dit-on d'avoir un peu d'argent. Henri IV fe prépara à fe rendre l'arbitre de l'Europe en fefant faire des balances d'or par le duc de Sulli. Les anglais ne réuffiffent qu'avec des guinées & un crédit qui les décuple. Le roi de Pruffe a fait trembler quelque tems l'allemagne, parce que fon père avait plus de facs que de bouteilles dans fes caves de Berlin. Nous ne fommes plus au tems des Fabricius ; c'eft le plus riche qui l'emporte, comme parmi nous c'eft le plus riche qui achette une charge de maitre des requêtes, & qui enfuite peut gouverner l'état. Celà n'eſt pas noble, mais celà eſt vrai.

Je vois que ſur tous les trônes du monde on vit au jour la journée, comme le ſavetier de la Fontaine. Quoi, point de ſyſtème ? Non, ceux de Pytagore, de Démocrite, de Platon, de Deſcartes, de Leibnitz ſont tombés. Peut-être faut-il dans votre noble métier comme en phyſique s'en tenir à faire des expériences.

A MONSIEUR TIRIOT,

A Ferney 15 Septembre 1768.

MA foi, mon ami, tout le monde eſt charlatan ; les écoles, les académies, les compagnies les plus graves, reſſemblent à l'apoticaire Arnoud dont les ſachets guériſſent toute apoplexie dès qu'on les porte au cou, & à Mr. le Lievre qui vend ſon baume de vie à force gens qui en meurent.

Les Jéſuites eurent il y a quelques années, un procès avec les droguiſtes de Paris, pour je ne ſçais quel Elixir qu'ils vendaient fort chérement, après avoir vendu de la grace ſuffifante qui ne fuffifait point, tandis que les janféniftes vendaient de la grace efficace qui n'avait point d'efficacité. Ce monde eft une grande foire où chaque polichinelle cherche à s'attirer la foule ; chacun enchérit fur fon voifin. Il y a un fage dans notre petit pays qui a découvert que les ames des puces & des moucherons font immortelles, & que tous les animaux ne font nés que pour reffufciter. Il y a des gens qui n'ont pas ces hautes efpérances. J'en connais même qui ont peine à croire que les Polypes d'eau foient des animaux. Ils ne voient dans ces petites herbes qui nagent dans des mares infectes, rien autre chofe que des herbes qui repouffent comme toute autre herbe quand on les a coupées. Ils ne voient point que ces herbes mangent de petits animaux ; mais ils voient ces petits animaux entrer dans la fubftance de l'herbe & la manger.

Les mêmes incrédules ne penfent pas que le corail foit un compofé de petits pucerons marins Feu Mr. de la Faye difait qu'il ne fe fouciait nullement de favoir à fond l'hiftoire de tous ces gens-là, & qu'il ne fallait pas s'embarrasser des personnes avec qui on ne peut jamais vivre.

Mais nous avons d'autres génies bien plus sublimes ; ils vous créent un monde aussi aisément que l'abbé de la Teignant fait une chanson. Ils se servent pour cela de machines qu'on n'a jamais vues. D'autres viennent ensuite qui vous peuplent ce monde par attraction. Un songe creux de mon voisinage, a imprimé sérieusement qu'il jugeait que notre monde devait durer tant qu'on ferait des systèmes, & que dès qu'ils seraient épuisés ce monde finirait. En ce cas nous en avons encor pour longtems.

Vous avez très-grande raison d'être étonné que dans l'homme aux quarante écus on ait imputé au grand calculateur Harvey le système des œufs ; il est vrai qu'il y croyait ; & même il y croyait si bien, qu'il avait pris pour sa devise ces mots, tout vient d'un œuf. Cependant en assurant que les œufs étaient le principe de toute la nature, il ne voyait dans la formation des animaux que le travail d'un Tisseran qui ourdit sa toile. D'autres virent ensuite dans le fluide de la génération une infinité de petits vermisseaux très-femillants. Quelque-tems après on ne les vit plus ; ils font entiérement paſſés de mode. Tous les ſyſtêmes ſur la manière dont nous venons au monde ont été détruits les uns par les autres. Il n'y a que la manière dont on fait l'amour qui n'a jamais changé.

Vous me demandez à propos de tous ces romans, ſi dans le recueil du Lapon qu'on vient d'imprimer à Lyon, on a imprimé ces Lettres ſi étonnantes où l'on propoſait de percer un trou juſqu'au centre de la terre, d'y bâtir une ville latine, de diſſéquer des cervelles de patagons pour connaitre la natu re de l'ame, & d'enduire les corps humains de poix réſine pour conſerver la ſanté ; vous verrez que ces belles choſes ſont très adoucies & très-déguiſées dans la nouvelle édition. Ainſi il ſe trouve qu'à la fin du compte c'eſt moi qui ai corrigé l'ouvrage.---- *Ridiculum acri fortius ac melius magnos plerumque ſecat res.*

Ce qu'on imprime ſous mon nom me fait un peu plus de peine. Mais que voulez vous ! je ne ſuis pas le maître. Monſieur l'apoticaire Arnoud peut-il empêcher qu'on ne contrefaſſe ſes ſachets ? Adieu. *Qui bene latuit bene vixit.*

A MILORD CHESTERFIELD,

A Ferney 24 *Septembre* 1771.

. . . .

DEs cinq fens que nous avons en partage, Mylord Huntingdon dit que vous n'en avez perdu qu'un feul, & que vous avez un bon eftomac; ce qui vaut bien une paire d'oreilles.

Ce ferait peut-être à moi, de décider lequel eft le plus trifte d'être fourd ou aveugle ou de ne point digérer. Je puis juger de ces trois états en connaiffance de caufe; mais il y a longtems que je n'ofe décider fur les bagatelles; à plus forte raifon fur des chofes fi importantes. Je me borne à croire que fi vous avez du foleil dans la belle maifon que vous avez bâtie, vous aurez des moments tolérables. C'eft tout ce qu'on peut efpérer à l'âge où nous fommes, & même à tout âge. Cicéron écrivit un beau traité fur la vieilleffe; mais il ne prouva point fon livre par les faits; fes dernières années furent très malheureufes. Vous avez vécu plus longtems & plus heureusement que lui. Vous n'avez eu à faire ni à des Dictateurs perpétuels ni à des Triumvirs. Votre lot a été & est encor un des plus désirables dans cette grande lotterie, où les bons billets sont si rares, & où le gros lot d'un bonheur continu n'a été encor gagné par personne.

Votre philosophie n'a jamais été dérangée par des chimères, qui ont brouillé quelquefois des cervelles d'ailleurs assez bonnes. Vous n'avez jamais été dans aucun genre ni charlatan, ni dupe des charlatans : & c'est ce que je compte pour un mérite très-peu commun qui contribue à l'ombre de félicité qu'on peut goûter dans cette courte vie, &c.

A Ferney

A Ferney le 4 May 1772.

IL faut, Monsieur, que chacun fasse son testament ; mais vous vous doutez bien que celui qu'on m'impute n'est point mon ouvrage. L'ancien & le nouveau testament ont fait dire assez de sottises, sans que j'y ajoute les miennes. Mes prétendues dernières volontés sont la production d'un avocat de Paris nommé Marchand, qui fait rire quelquefois par ses plaisanteries. J'espère que mon vrai testament sera plus honnète & plus sage. Le malheur est qu'après avoir été esclave toute sa vie, il faut l'être encor après sa mort. Personne ne peut être enterré comme il voudrait l'ètre. Ceux qui seraient bien aises d'être dans une urne sur la cheminée d'un ami, sont obligés d'aller pourrir dans un cimétiere, ou dans quelque chose d'équivalent. Ceux qui auraient envie de mourir dans la communion de Marc-Aurèle, d'Epictète & de Cicéron, sont obligés de mourir dans celle de Luther, s'ils meurent à Upsal, ou d'aller dans l'autre monde avec l'huile d'un patriarche grec si la fievre les prend dans la Morée. J'avoue que depuis quelques années on meurt plus commodément qu'autrefois vers le petit pays que j'habite ; la liberté de penser s'y établit insensiblement comme en Angleterre. Il y a des gens qui m'accusent de ce changement. Je voudrais avoir mérité ce reproche depuis Constantinople jusqu'à la Dalécarlie. Il est ridicule & horrible de troubler les vivants & les morts. Chacun, ce me semble, doit disposer de son corps & de son ame à sa fantaisie. Le grand point est de ne jamais molester ni le corps, ni l'ame de son prochain. Notre consolation après notre mort est que nous ne saurons rien de la manière dont on nous aura traités. Nous avons été baptisés sans en rien savoir ; nous serons inhumés de même. Le mieux serait peut-être de n'avoir point reçu cette vie dont on se plaint si souvent & qu'on aime toujours. Mais rien n'a dépendu de nous. Nous sommes attachés, comme dit Horace, avec les gros clous de la nécessité, &c.

A Mr. LE PRINCE G.
AMBASSADEUR A LA HAYE,

A Ferney le 19 *Juin* 1773.

MONSIEUR LE PRINCE,

Vous rendez un grand service à la raison, en fesant réimprimer le Livre de feu Mr. H..... Ce Livre trouvera des contradicteurs, & même parmi les philosophes. Personne ne conviendra que tous les esprits soient également propres aux sciences, & ne différent que par l'éducation. Rien n'est plus faux, rien n'est plus démontré faux par l'expérience. Les ames sensibles seront toujours fâchées de ce qu'il dit de l'amitié, & lui-même aurait condamné ce qu'il en dit, où l'aurait beaucoup adouci, si l'esprit systématique ne l'avait pas entraîné hors des bornes.

On souhaitera peut-être dans cet ouvrage plus de méthode & moins de petites historiettes, la plûpart fausses. Mais il me semble que tout ce qu'il dit sur la superstition, sur les abominations de l'intolérance, sur la liberté, sur la tirannie, sur le malheur des hommes, sera bien reçu de tout ce qui n'est pas un sot ou un fanatique. Quelque philosophe aurait pu corriger son premier livre; mais persécuter l'auteur, comme on a fait, cela est aussi barbare qu'absurde, & digne du quatorziéme siècle. Tout ce que des fanatiques ont anathématisé dans cet homme si estimable, se trouvait au fond dans le petit livre du duc de la Rochefoucault, & même dans les premiers chapitres de Loke. On peut écrire contre un philosophe, en cherchant comme lui la vérité par des routes différentes; mais on se deshonore, on se rend exécrable à la postérité en le persécutant. Il s'en fallut peu que des Mélitus & des Anitus ne présentassent un gobelet de cigue à votre ami.

Je dois encor des remerciements à V. Exc. pour cette histoire de la guerre de la sublime Catherine contre la sublime Porte du peu sublime Moustapha. Vous savez que je m'intéresse à cette guerre presque autant qu'à la tolérance universelle qui condamne toutes les guerres. Il faut bien quelquefois se battre contre ses voisins, mais il ne faut pas bruler ses compatriotes pour des arguments. On dit que le Pape est aussi tolérant qu'un Pape peut l'être ; je le souhaite pour l'amour du genre humain. J'en souhaite autant au Muphti, au Shérif de la Meque, au grand Lama & au Daïri.

Je suis possesseur d'un tas de boue, grand comme la patte d'un ciron sur ce misérable globe ; il y a chez moi des papistes, des calvinistes, des pietistes, quelques sociniens & même un jésuite ; tout cela vit ensemble dans la plus grande concorde, du moins jusqu'à présent. Il en est ainsi dans votre vaste Empire sous les auspices de Catherine. On goûte depuis longtems de ce bonheur en Angleterre, en Hollande, en Brandebourg, en Prusse & dans plusieurs villes d'Allemagne ; pourquoi donc pas dans toute la terre ? Pourquoi n'adoucirait-on pas un peu cette maxime ? *Que celui qui n'est pas de notre avis, soit comme un commis des fermes & comme un payen.* Pourquoi jetterions-nous dans un cachot le convive qui n'aurait pas mis son bel habit pour souper avec nous ? Pourquoi ferait-on aujourd'hui mourir d'apoplexie un père de famille & sa femme, qui ayant donné presque tout leur bien aux jacobins,

garderaient quelques florins pour dîner ?
Pourquoi ?... Pourquoi ?... Pourquoi...?
Si on me demande pourquoi je vous suis si
attaché, je réponds, c'est que vous êtes tolérant, juste & bienfaisant.

Que dites-vous du barbare énergumène
qui a cru que j'étais l'ennemi de votre ami,
& qui m'a écrit une philippique ? Agréez
Monsieur le prince, ma très-sensible & très
respectueuse reconnaissance.

A MONSIEUR
LE CHEVALIER HAMILTON
AMBASSADEUR A NAPLES.

A Ferney le 17 Juin 1773.

MONSIEUR,

LE public vous a l'obligation de connaître le Vesuve & l'Etna beaucoup mieux
qu'ils ne furent connus du tems des Cyclo-
pes, & ensuite de celui de Pline. Les montagnes que vous avez vues de mes fenêtres
à Ferney sont dans un goût tout opposé,

Vôtre Vésuve & vôtre Etna font pleins de caprices ; ils reſſemblent aux petits hommes trop vifs, qui ſe mettent ſouvent en colère ſans raiſon ; mais nos montagnes des glacières qui ſont dix fois plus hautes, & quarante fois plus étendues, ont toujours le même viſage, & ſont dans un calme éternel. Des lacs toujours glacés de ſix milles de longueur, ſont établis dans la moyenne région de l'air entre des rochers blancs, au deſſus des nuages & du tonnerre, ſans qu'il y ait eu de l'altération depuis des milliers de ſiècles.

Il n'y a pas bien loin de la fournaiſe où vous êtes, à la glacière de la Suiſſe ; & cependant quelle énorme différence entre les terrains, entre les hommes, entre les gouvernements, entre Calvin & ſan Gennaro !

J'ai vu avec douleur que vous n'avez pu faire rajuſter un thermomètre en Sicile. Que dirait Archimède s'il revenait à Siracuſe ! mais que diraient les Trajans & les Antonins, s'ils revenaient à Rome ?

Je trouve tout ſimple que les éruptions des volcans produiſent des monticules. Ceux que les fourmis élèvent dans nos jardins

ſont

font bien plus étonnants. Ces petites montagnes formées en huit jours par des insectes ont deux ou trois cent fois la hauteur de l'architecte. Mais pour nos vénérables montagnes, seules dignes de ce nom, d'où partent le Rhin, le Danube, le Rhône, le Pô, ces énormes masses paraissent avoir plus de consistance que Monte - Nuovo, & que la prétendue nouvelle île de Santorin. La grande chaîne de hautes montagnes qui couronnent la terre en tout sens, m'a toujours paru aussi ancienne que le monde ; ce sont les os de ce grand animal ; il mourrait de soif s'il n'y avait pas de fleuves ; & il n'y aurait aucun fleuve sans ces montagnes qui en sont les réservoirs perpétuels. On se moquera bien un jour de nous, quand on saura que nous avons eu des charlatans qui ont voulu nous faire accroire que les courans des mers avaient formé les Alpes, le mont Taurus, les Pirénées & les Cordelières.

Tout Paris en dernier lieu était en allarmes ; il s'était persuadé qu'une comète viendrait dissoudre notre globe le 20 ou le 21

P

Mai. Dans cette attente de la fin du monde on manda que les dames de la cour, & les dames de la halle allaient à confeſſe, ce qui eſt, comme vous ſavez, un ſecret infaillible pour détourner les comètes de leur chemin. Des gens qui n'étaient pas aſtronomes prédirent autrefois la fin du monde pour la génération où ils vivaient. Eſt-ce par pitié ou par colère que cette cataſtrophe a été différée ? *To be, or not to be, that is the queſtion.* &c.

A

Mr. DU M......

Membres de plusieurs Académies. Sur d'anciennes anecdotes.

Puisque vous n'avez pu, mon ami, obtenir une chaire de professeur d'arabe, demandez-en une d'*antiche coyonerie*. Il y en a plusieurs d'établies, sinon sous ce titre, au moins dans ce goût. Il serait fort amusant de nous faire voir s'il est vrai que nous avons pris des anciens tout ce que nous croyons avoir inventé, comme Réaumur a inventé l'art de faire éclore des poulets sans poules, cinq ou six mille ans après que cette méthode commença en Egypte. Il y a des gens qui ont vu tout le système de Copernic chez les anciens Caldéens. Mais ce qui ferait bien plus plaisant. Ce serait de voir tous nos bons contes modernes pillés de la plus haute antiquité Orientale.

La Matrone d'Ephèse, par exemple, a été mise en vers par la Fontaine en France, & auparavant en Italie. On la retrouve dans

Pétrone: & Pétrone l'avait prife des Grecs. Mais où les Grecs l'avaient-ils prife ? Des contes arabes. Et de qui les conteurs Arabes la tenaient-ils ? De la Chine. Vous la verrez dans des contes Chinois traduits par le père Dentrecoles & recueillis par le père Du-Halde. Et ce qui mérite bien vos réflexions, c'eft que cette hiftoire eft bien plus morale chez les Chinois que chez nos traducteurs.

J'ai rapporté dans un de mes inutiles ouvrages la fable dont Molière a compofé fon Amphitrion, imité de Plaute, qui l'avait imité des Grecs: l'original eft indien. Le voici, à-peu-près tel qu'il a été traduit par le colonel *Dow*, très-inftruit dans la langue facrée qu'on parlait il y a douze à quinze mille ans fur le bord du Gange, vers la ville de Bénarès à vingt lieues de Calcuta, chef-lieu de la compagnie anglaife.

Le favant colonel Dow s'exprima donc à-peu-près ainfi: (*Annales II. p. 273.*) Un indou d'une force extraordinaire avait une très-belle femme ; il en fut jaloux, la battit & s'en alla. Un égrillard de dieu, non pas un Brama ou un Vishnou ou un Sib, mais un dieu du bas étage & cependant fort puissant, fait passer son ame dans un corps entiérement semblable à celui du mari fugitif, & se présente sous cette figure à la dame délaissée. La doctrine de la métempsycose rendait cette supercherie vraisemblable. Le dieu amoureux demande pardon à sa prétendue femme de ses emportemens, obtient sa grace, couche avec elle, lui fait un enfant & reste le maître de la maison. Le mari repentant, & toujours amoureux de sa femme, revient se jetter à ses pieds : il trouve un autre lui-même établi chez lui. Il est traité par cet autre d'imposteur & de sorcier. Cela forme un procès tout semblable à celui de notre *Martinguerre*. L'affaire se plaide devant le parlement de Bénarès. Le premier président était un bracmane qui devina tout-d'un-coup que l'un des deux maîtres de la maison était une dupe, & que l'autre était un dieu. Voici comme il s'y prit pour faire connaître le véritable mari. Votre époux, madame, dit-il, est le plus robuste de l'Inde. Couchez avec les deux parties l'une après l'autre, en présence de notre parlement indien. Celui des deux qui aura fait éclater les plus nombreuses marques de valeur, sera sans doute votre mari. Le mari en donna douze. Le fripon en donna cinquante. Tout le parlement brame décida que l'homme aux cinquante était le vrai possesseur de la dame. Vous vous trompez tous, répondit le premier président. L'homme aux douze est un héros, mais il n'a pas passé les forces de la nature humaine : l'homme aux cinquante ne peut-être qu'un dieu qui s'est moqué de nous. Le dieu avoua tout, & s'en retourna au ciel en riant.

Vous m'avouerez que l'Amphitrion Indou est encor plus comique & plus ingénieux que l'Amphitrion Grec, quoiqu'il ne puisse pas être décemment joué sur le théâtre.

Vous étonnerez peut-être encor plus votre monde, quand vous raconterez l'origine de la fameuse querelle d'Aaron avec Datan, Coré, & Abiron, écrite par un Juif qui était apparemment le Loustic de sa tribu. C'est peut-être le seul Juif qui ait su railler. Son livre n'est pas de l'antiquité des premiers bracmanes. Mais enfin il est ancien, & peut-être plus ancien qu'Homère. Les Juifs d'Italie le firent imprimer dans Venise au quinziéme siècle, & le célèbre Gaumin conseiler d'Etat l'enrichit de notes en latin. Fabricius les a insérées dans sa traduction latine de la vie & de la mort de Moïse, autre ancien ouvrage plus que rabinique, écrit à ce qu'on a prétendu, vers le tems d'Esdras. Je vais faire copier le passage qui se trouve au livre II. page 165. nombre 297, édition de Hambourg.

„ Ce fut une pauvre veuve qui fut la cause
„ de la querelle. Cette femme n'avait pour
„ tout bien qu'une brebis. Elle la tondit.
„ Aaron vint; & lui dit: il est écrit que les
„ prémices apartiendront au Seigneur. Et il
„ prit la laine. La veuve en pleurs alla se
„ plaindre à Coré, qui fit des remontrances
„ au prêtre Aaron. Elles furent inutiles.
„ Coré donna quatre pièces d'argent à la
„ pauvre femme, & se retira très-irrité.
„ Peu de temps après la brebis mit bas son
„ premier agneau. Aaron revient; ma bonne
„ il est écrit que les premiers nés sont au
„ Seigneur. Il emporte l'agneau & le mange.
„ Nouvelles remontrances de Coré, aussi mal
„ reçues que les premières. La veuve désespérée tue sa brebis. Voilà aussi-tôt Aaron
„ chez elle. Il prend la machoire, l'épaule

„ & le ventre de la brebis. Coré se fâche
„ contre lui. Aaron répond que cela est écrit
„ & qu'il veut manger cette épaule & le ven-
„ tre. La veuve outrée jura & dit ; Au dia-
„ ble ma brebis. Aaron qui l'entendit revint
„ encor, disant, il est écrit que tout anathê-
„ me est au Seigneur, & souppa des restes
„ de la pauvre bête. Telle est la cause de la
„ dispute entre Aaron d'une part, & Coré,
„ Datan & Abiron de l'autre ".

Cette mauvaise plaisanterie a été imitée chez plus d'une nation. Il n'y a pas une seule bonne fable de la Fontaine qui ne vienne du fond de l'Asie. Vous en retrouvez même parmi les Tartares. Je me souviens d'avoir lu autrefois dans le Recueil des voyages de Plancarpin, de Rubruquis & de Marc Paolo qu'un chef des Tartares étant prêt de mourir, récita à ses enfans la fable du vieillard qui donne à ses fils un faisceau de flèches à rompre. (*)

Avons-nous dans notre Occident quelque conte plus philosophique que celui qui

---

(*) Voyages de Plancarpin, Rubruquis, Marc Paul & Haiton, chapit. 17 d'Haiton, pag. 31.

est rapporté dans Oléarius au sujet d'Alexandre ? J'en ai parlé dans une de ces brochures que je ne vous ai pas envoyées, parce qu'elles ne valent pas le port. La scène est au fond de la Bactriane dans un tems où tous les princes de l'Asie cherchaient l'eau de l'immortalité, comme depuis chez nos romanciers la plûpart des chevaliers errans cherchèrent la Fontaine de Jouvence. Alexandre rencontre un ange dans la caverne où des mages l'assuraient qu'on puisait l'eau de l'immortalité. L'ange lui donne un caillou. Rapporte m'en un autre, lui dit-il, qui soit de même forme & de même poids, & alors je te ferai boire de cette eau que tu demandes. Alexandre chercha, & fit chercher partout. Après bien des peines inutiles, il prit le parti de choisir un caillou à-peu-près semblable, & d'y ajouter un peu de terre pour égaler les poids & les formes. L'ange Gabriel s'apperçut de la supercherie, & lui dit, *Mon ami, souviens-toi que tu es terre. Détrompe-toi de ton breuvage de l'immortalité, & ne prétends plus en imposer à Gabriel.* (*)

(*) Oléarius, page 169.

Cet apologue nous apprend encor qu'on ne trouve point dans la nature deux chofes abfolument femblables, & que les idées de Leibnitz fur les indifcernables étaient connues longtems avant Leibnitz au milieu de la Tartarie. (*)

Pour la plûpart des contes dont on a farci nos ana, & toutes ces réponfes plaifantes qu'on attribue à Charles-Quint, à Henri IV, à cent princes modernes, vous les retrouvez dans Athénée & dans nos vieux auteurs. C'eft en ce fens feulement qu'on peut dire *nihil fub fole novum*, &c.

_____

(*) On a fait ufage de cette hiftoire dans un petit livre intitulé, *Lettres Chinoifes, Indienn.s & Tartares*.

A MON

A MONSIEUR DE CHABAN...
SUR PINDARE ET HORACE.

A Ferney le 9 Mars 1772.

Vous me faites un très-beau préſent, mon cher ami. Vous rendez un grand ſervice aux Lettres en faiſant connaître Pindare. Votre traduction eſt noble & élégante, vos notes très-inſtructives. Je vous avoue que j'ai de la peine à m'accoutumer à voir ce Pindare couper ſi ſouvent ſes mots en deux, mettre une moitié du mot à la fin d'un vers, & l'autre moitié au commencement du vers ſuivant.

Je ſais bien que vous me direz que c'eſt en faveur de la muſique ; mais je ne ſuis pas moins étonné de voir dès la première ſtrophe,

  Chryzea formigx Apollo-
   nos. Kai ïoplokamon.

Voudriez-vous mettre dans un opéra?
  Lyre d'or d'Apol-

lon, & des cheveux violets ?
Que dites-vous de
Amphi te La-
toi a.
Le fils de La-
tone.

On aurait pu, ce me semble, faire de la musique grecque sans cette étrange bigarrure. Les odes d'Anacréon étaient chantées, & Anacréon ne s'avisa jamais de couper ainsi les paroles en deux.

On prétend que les Rapsodes chantaient les vers d'Homère ; mais il n'y a pas un seul vers d'Homère taillé comme ceux de Pindare.

Ce qui me paraît bien étrange, c'est de voir dans Horace
Jove non probante u-
xorius amnis.
Jupiter condamnait le cou-
roux du fleuve amant de sa femme.

Il se donne souvent cette licence. Il n'y a pas moyen de réprouver une méthode qu'Horace adoptait. Tout ce que nous pouvons dire, c'est que les Français se moqueraient de nous si nous prenions la liberté que Pindare

& Horace ont prise. Passe pour Chapelle qui écrit au courant de la plume,

> A cet agréable repas
> Petit Val ne se trouva pas.
> Et sais-tu bien pourquoi c'est parce
> Qu'il est toujours avec la grace.

Au reste, je doute fort qu'on ait chanté toutes les odes d'Horace. Croyez-vous que les dames Romaines & les hommes du bon ton, eussent goûté un grand plaisir à chanter à table cette chanson *Persicos odi* que Dacier a traduite ainsi ?

„ Laquais, je ne suis point pour la ma-
„ gnificence des Perses. Je ne puis même
„ souffrir les couronnes qui sont pliées avec
„ de petites bandelettes de tilleul. Cesse donc
„ de t'informer où tu pourras trouver des
„ roses tardives. Je ne demande que des cou-
„ ronnes de simple mirte, sans que tu y
„ fasses d'autre façon. Le mirte sied bien à
„ un laquais comme toi ; & il ne me sied
„ pas mal, lorsque je bois sous l'épaisseur
„ d'une treille ".

Je doute encor que la bonne compagnie de Rome ait répété en chorus les horreurs qu'Horace reproche à la sorcière Canidie & à quelques autres vieilles.

Plusieurs savans prétendent que les trois quarts des odes d'Horace n'étaient point faites pour la musique. Mais enfin, ode signifie chanson; & qu'est-ce qu'une chanson qu'on ne peut chanter? On nous dit que c'est ainsi qu'on en use dans toute l'Europe; on y fait des stances rimées qui ne se chantent jamais. Aussi les amateurs de la musique répondent que c'est un reste de barbarie.

L'abbé Terrasson demandait sur quel air Moïse avait mis son fameux cantique au sortir de la mer rouge, *chantons un hymne au Seigneur qui s'est manifesté glorieusement?*

Il faut que je vous fasse une petite querelle sur votre Discours préliminaire, qui me paraît excellent. Vous appellez Cowlei le Pindare Anglais. Vous lui faites bien de l'honneur. C'était un poëte sans harmonie, qui cherchait à mettre de l'esprit partout. Le vrai Pindare est Dryden auteur de cette belle ode intitulé *La Fête d'Alexandre*, ou *Alexandre & Timothée*. Cette ode mise en musique par Purcel (si je ne me trompe), passe en Angleterre pour le chef-d'œuvre de la poësie la plus sublime & la plus variée. Et je vous avoue que comme je sais mieux l'anglais que le grec, j'aime cent fois mieux cette ode que tout Pindare.

C'est assez blasphèmer contre le premier violon du roi de Sicile Hieron. Je voudrais bien savoir seulement si on chantait ses odes en parties. Il est très-probable que les Grecs connaissent cette harmonie que nous leur nions avec beaucoup d'impudence. Platon le dit expressément, & en termes formels.

Pardon de faire avec vous le savant.

> D'un certain magister le rat tenait ces choses
> Et les disait à travers champs, &c.

A UNE

A UNE CÉLÉBRE
ACTRICE.

IL est vrai, Mademoiselle, que la belle Ofilds la première comédienne d'Angleterre, jouit d'un beau mausolée dans l'église de Westminster, ainsi que les rois & les héros du pays, & même le grand Newton. Il est vrai aussi que Mademoiselle le Couvreur la première actrice de France en son tems fut portée dans un fiacre au coin de la rue de Bourgogne, non encor pavée; qu'elle y fut enterrée par un crocheteur, & qu'elle n'a point de mausolée. Il y a dans ce monde des exemples de tout. Les Anglais ont établi une fête annuelle en l'honneur du fameux comédien poëte Shakespear. Nous n'avons pas encor parmi nous la fête de Molière. Louis XIV au comble de la grandeur dansa avec les danseurs de l'opéra devant tout Paris en revenant de la fameuse campagne de 1672. Si l'archévêque de Paris en avait voulu faire autant, il n'aurait pas été si bien accueilli,

quand

quand même il eût été le premier homme de l'Europe pour le menuet.

L'Italie au commencement de notre feiziéme fiècle vit renaître la tragédie & la comédie, grace au goût du pape Léon X, & au génie des prélats Bibiena, la Cafa, Triffino. Le cardinal de Richelieu fit bâtir la falle du palais royal pour y jouer fes pièces, & celles de fes cinq garçons poëtes. Deux évèques faifaient par fes ordres les honneurs de la falle, & préfentaient des rafraichiffemens aux dames dans les entre-actes.

Nous devons l'opéra au cardinal Mazarin. Mais voyez comme tout change. Les cardinaux Dubois & Fleuri tous deux premiers miniftres, ne nous ont pas valu feulement une farce de la foire. Nous fommes devenus plus réguliers ; nos mœurs font fans doute plus févères. On a foupçonné les janféniftes d'avoir armé les bras de l'églife contre les fpectacles, pour fe donner le plaifir de tomber fur les jéfuites qui faifaient jouer des tragédies & des comédies par leurs écoliers, & qui mettaient ces exercices parmi les premiers devoirs d'une bonne éducation. On prétend même que les jéfuites intimidés ceffèrent leurs spectacles quelque tems avant que leur société fut abolie en France.

Vous avez sans doute entendu dire, Mademoiselle, aux grands savans qui viennent chez vous, que le contraire était arrivé chez les Grecs & chez les Romains nos maîtres. L'argent destiné pour les frais du théâtre d'Athènes était un argent sacré. Il n'était pas mème permis d'y toucher dans les plus pressantes nécessités, & dans les plus grands dangers de la guerre.

On fit encor mieux dans l'ancienne Rome. Elle était désolée par la peste vers l'an 390 de sa fondation : il fallait apaiser les dieux par les cérémonies les plus saintes. Que fit le sénat ? Il ordonna qu'on jouât la comédie, & la peste cessa. Tout bon médecin n'en doit pas être surpris ; il sait qu'un plaisir honnête est fort bon pour la santé.

Malheureusement nous ne ressemblons ni aux Grecs, ni aux anciens Romains. Il est vrai qu'en France il y a beaucoup d'aimables Français, mais il y a aussi des Welches ; & ceux-ci ne regarderaient pas la comédie comme un spécifique s'ils étaient attaqués de la peste. Pour moi, Mademoiselle, je voudrais passer ma vie à vous entendre, où la peste m'étouffe. J'avoue que les contradictions qui divisent les esprits au sujet de votres art sont sans nombre; mais vous savez que la société subsiste de contradictions; il n'y en a point parmi ceux qui vivent avec vous; ils se réunissent tous dans les sentimens d'estime & d'amitié qu'ils vous doivent.

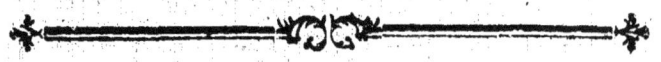

REPONSE
A MONSIEUR L'ABBÉ BERTINELLI DE VERONE.

(Cette Lettre est ancienne.)

SI j'étais moins vieux, & si j'avais pu me contraindre, j'aurais certainement vu Rome, Venise & votre Vérone; mais la liberté suisse & anglaise, qui a toujours fait ma passion, ne me permet guères d'aller dans votre pays voir les frères inquisiteurs, à moins que je n'y sois le plus fort. Et comme il n'y a pas d'apparence que je sois jamais ni général d'armée, ni ambassadeur, vous trouverez bon que je n'aille point dans un pays où l'on saisit aux portes des villes les livres qu'un pauvre voyageur a dans sa valise. Je ne suis point du tout curieux de demander à un dominicain permission de parler, de penser & de lire ; & je vous dirai ingénuement que cet esclavage d'Italie me fait horreur. Je crois St. Pierre de Rome fort beau ; mais j'aime mieux un bon livre anglais écrit librement que cent mille colonnes de marbre. Je ne sais pas de quelle liberté vous me parlez auprès du *Monte Baldo* ; mais j'aime beaucoup celle dont parle Horace, *fari quæ sentiat*. C'est celle où je suis parvenu après l'avoir cherchée toute ma vie. La félicité que je me suis faite redouble par votre commerce ; je recevrai avec la plus tendre reconnaissance les instructions que vous voulez bien me promettre sur l'ancienne littérature italienne.

Je fais grand cas du courage avec lequel vous avez osé dire que *Dante* était un fou, & son ouvrage un monstre. J'aime encor mieux pourtant dans ce monstre une cinquantaine de vers supérieurs à son siècle que tous les vermisseaux appellés *sonetti* qui naissent & qui meurent à milliers aujourd'hui dans l'Italie, de Milan jusqu'à Otrante.

Algarotti a donc abandonné le triumvirat, comme Lépidus : je crois que dans le fond il pense comme vous sur le *Dante*. Il est plaisant que, même sur ces bagatelles, un homme qui pense n'ose dire son sentiment qu'à l'oreille de son ami. Ce monde-ci est une pauvre mascarade. Je conçois à toute force comment on peut dissimuler ses opinions pour devenir cardinal ou pape; mais je ne conçois guères qu'on se déguise sur le reste. Ce qui me fait aimer l'Angleterre, c'est qu'il n'y a d'hipocrites en aucun genre. J'ai transporté l'Angleterre chez moi, estimant d'ailleurs infiniment les Italiens & surtout vous, Monsieur, dont le génie & le caractère sont faits pour plaire à toutes les nations, & qui mériteriez d'être aussi libre que moi.

Pour le polisson nommé *Marrini* qui vient de faire imprimer le Dante à Paris dans la Collection des poëtes Italiens, c'est un marchand qui vient établir sa boutique & qui vente sa marchandise; il dit des injures à

Bayle & à moi ; & nous reproche comme un crime de préférer Virgile à son Dante. Ce pauvre homme a beau dire : le Dante pourra entrer dans les bibliothèques des curieux, mais il ne sera jamais lu. On me vole toujours un tome de l'Ariolte : on ne ma jamais volé un Dante.

Je vous prie de donner au Diable il signor Marrini, & tout son enfer avec la Panthère que le Dante rencontre d'abord dans son chemin, sa lionne & sa louve. Demandez bien pardon à Virgile qu'un poëte de son pays l'ait mis en si mauvaise compagnie. Ceux qui ont quelqu'étincelle de bon sens doivent rougir de cet étrange assemblage en enfer, du Dante, de Virgile, de St. Pierre, & de Madonna Beatricé. On trouve chez nous dans le dix-huitiéme siècle des gens qui s'efforcent d'admirer des imaginations aussi stupidement extravagantes, & aussi barbares ; on a la brutalité de les opposer aux chef-d'œuvres de génie, de sagesse & d'éloquence que nous avons dans notre langue, &c. *O tempora ! ô judicium !*

REPONSE
A DES QUESTIONS
METAPHYSIQUES.

LE folitaire à qui vous avez écrit, Monfieur, reçoit fouvent des lettres de littérateurs, ou d'amateurs qu'il n'a pas l'honneur de connaître. Rarement ces lettres valent la peine qu'on y réponde. La vôtre n'eft pas affurément de ce genre ; votre écrit refpire la plus faine métaphyfique ; & fi vous n'avez rien puifé dans les livres, cela prouve que vous êtes capable d'en faire un trèsbon, ce qui eft extrèmement rare, furtout dans cette matière.

La liberté telle que plufieurs fcolaftiques l'entendent, eft en effet une chimère abfurde. Pour peu qu'on écoute la raifon, & qu'on ne veuille point fe payer de mots, il eft clair que tout ce qui exifte & tout ce qui fe fait, eft néceffaire ; car s'il n'était pas néceffaire il ferait inutile. La refpectable fecte des ftoïciens penfait ainfi ; & ce qu'il y a de fingulier, c'eft que cette vérité fe trouve en cent endroits dans l'Homère qui foumet Jupiter au deftin.

Il exifte quelque chofe ; donc il eft un Etre éternel ; cela eft démontré ; fans quoi il y aurait un effet fans caufe. Auffi tous les anciens fans en excepter un feul, on cru la matière éternelle.

Il n'en eft pas de même de l'immenfité, ni de la toute-puiffance. Je ne vois pas pourquoi il eft néceffaire que tout l'efpace foit rempli ; & je n'entends nullement ce raifonnement de Clarke, *ce qui exifte néceffairement en un lieu, doit exifter néceffairement en tout lieu*. On lui a fait fur cela, ce me femble, de très-bonnes objections, auxquelles il n'a fait que de très-faibles réponfes. Pourquoi ferait-il impoffible qu'il y eût feulement une certaine quantité d'êtres ? Je conçois bien mieux la nature bornée que je ne conçois la nature infinie.

Je ne puis fur cet article avoir que des probabilités, & je ne puis que me rendre aux probabilités les plus fortes. Tout fe correfpondant dans ce que je connais de la nature, j'y apperçois un deffein ; ce deffein me fait connaître un moteur ; ce moteur eft fans doute très-puissant; mais la simple philosophie ne m'apprend point que ce grand artisan soit infiniment puissant. Une maison de quarante pieds de haut me prouve un architecte; mais ma seule raison ne peut m'enseigner que cet architecte ait pu bâtir une maison de dix mille lieues de hauteur. Il était peut-être dans sa nature de n'en bâtir une que de quarante pieds. Ma seule raison ne me dit point encor qu'il n'y ait que cet architecte dans l'espace. Et si un homme me soutenait qu'il y a un grand nombre d'architectes semblables, je ne vois pas comment je pourais le convaincre du contraire.

La métaphysique est le champ des doutes, & le roman de l'ame. Nous savons bien que plus d'un docteur nous a dit des sottises. mais nous n'avons guères de vérités à substituer à leurs innombrables erreurs. Nous nageons dans l'incertitude; nous avons très-peu d'idées claires; & cela doit être, puisque nous ne sommes que des animaux hauts d'environ cinq pieds & demi, avec un cerveau d'environ quatre pouces cubes. Mon cerveau, Monsieur, est le très-humble serviteur du vôtre.

SUR LES LETTRES PRÉTENDUES
DU PAPE
GANGANELLI CLEMENT XIV.

2 May 1776.

J'Ai été si excédé, mon cher ami, de mes lettres ingénieuses & galantes que je n'ai jamais écrites, & de tant d'autres fadaises à moi imputées, qu'il faut me pardonner si je prends le parti de tout cardinal, ou de tout pape à qui on joue de pareils tours.

Il y a longtems que je fus indigné de ce testament politique si frauduleusement produit sous le nom du cardinal de Richelieu. Pouvait-on supposer des conseils politiques d'un premier ministre qui ne parlait à son Roi, ni de la Reine qui était dans une situation si équivoque, ni de son frère qui avait si souvent conspiré contre lui, ni du Dauphin son fils dont l'éducation était si importante, ni de ses ennemis contre lesquels il y avait tant de mesures à prendre, ni des protestans du royaume auxquels ce même Roi avait tant fait la guerre, ni de ſes armées, ni de ſes négociations, ni d'aucun de ſes généraux, ni d'aucun de ſes ambaſſadeurs ? Il y avait de la démence & de l'imbécilité à croire cette rapſodie écrite par un miniſtre d'Etat.

Chaque page décélait la fraude la plus mal ourdie ; cependant le nom du cardinal de Richelieu en impoſa pendant quelques tems ; & quelques beaux eſprits mêmes prônèrent comme des oracles les énormes bévues dont le livre fourmille. C'eſt ainſi que toute erreur ſe perpétuerait d'un bout du monde à l'autre, s'il ne ſe trouvait quelque bonne ame qui eût aſſez de hardieſſe pour l'arrêter en chemin.

Nous avons eu depuis les Teſtaments du duc de Lorraine, de Colbert, de Louvois, d'Albéroni, du maréchal de Belliſle, de Mandrin. Parmi tant de héros je n'oſe me placer ; mais vous ſavez que l'avocat Marchand a fait mon teſtament, dans lequel il a eu la diſcrétion de ne pas même inférer un legs pour lui.

Vous avez vu les Lettres de la Reine Chriſtine, de Ninon, de Madame de Pompadour, de Mademoiselle Tron à son amant le révérend père de la Chaize confesseur de Louis XIV. Voici donc aujourd'hui les Lettres du pape Ganganelli. Elles sont en français quoiqu'il n'ait jamais écrit en cette langue. Il faut que Ganganelli ait eu incognito le don des langues dans le cours de sa vie. Ces Lettres sont entiérement dans le goût français. Les expressions, les tours, les pensées, les mots à la mode, tout est français. Elles ont été imprimées en France; l'éditeur est un Français né auprès de Tours, qui a pris un nom en J, & qui a déja publié des ouvrages français sous des noms supposés.

Si cet éditeur avait traduit de véritables Lettres du pape Clément XIV en français, il aurait déposé les originaux dans quelque bibliothèque publique. On est en droit de lui dire ce qu'on dit autrefois à l'abbé Nodot, ,, Montrez-nous votre manuscrit de ,, Pétrone trouvé à Bellegrade, ou consentez ,, à n'être cru de personne. Il est aussi faux ,, que vous ayez entre les mains la véritable ,, satyre de Pétrone qu'il est faux que cette ,, ancienne satyre fut l'ouvrage d'un consul, ,, & le tableau de la conduite de Néron.

« Cessez de vouloir tromper les savans. On ne trompe que le peuple ».

Quand on donna la comédie de l'Ecossaise sous le nom de Guillaume Vadé, & de Jérôme Carré, le public sentit tout d'un coup la plaisanterie, & n'exigea pas des preuves juridiques. Mais quand on compromet le nom d'un pape dont la cendre est encor chaude, il faut se mettre au-dessus de tout soupçon; il faut montrer à tout le sacré collège les Lettres signées Ganganelli; il faut les déposer dans la bibliothèque du Vatican, avec les attestations de tous ceux qui auront reconnu l'écriture. Sans quoi, on est reconnu par toute l'Europe pour un homme qui a osé prendre le nom d'un pape afin de vendre un livre. *Reus est quia filium dei se fecit.*

Pour moi, j'avoue que quand on me montrerait ces mêmes Lettres munies d'attestations, je ne les croirais pas plus de Ganganelli que je ne crois les lettres de Pilate à Tibère écrites en effet par Pilate.

Et pourquoi suis-je si incrédule sur ces Lettres? C'est que je les ai lues; c'est que j'ai reconnu la supposition à chaque page. J'ai été assez intimement lié avec le Vénitien

Algarotti pour favoir qu'il n'eut jamais la moindre correspondance, ni avec le cordelier Ganganelli, ni avec le confulteur Ganganelli, ni avec le cardinal Ganganelli, ni avec le pape Ganganelli. Les petits confeils donnés amicalement à cet Algarotti & à moi n'ont jamais été donnés par ce bon moine devenu bon pape.

Il eft impoffible que Ganganelli ait écrit à Mr. Stuard Ecoffais, *mon cher Monfieur, je fuis fincérement attaché à la nation Anglaife. J'ai une paffion décidée pour vos grands poètes.*

Que dites-vous d'un Italien qui avoue à un homme d'Ecoffe, *qu'il a une paffion décidée pour les vers anglais*, & qui ne fait pas un mot d'anglais?

L'éditeur va plus loin, il fait dire à fon favant Ganganelli, *Je fais quelquefois des vifites nocturnes à Newton, dans ce tems où toute la nature eft endormie, je veille pour le lire & pour l'admirer. Perfonne ne réunit comme lui la fcience & la fimplicité; c'eft le caractère du génie qui ne connait ni la bouffiffure, ni l'oftentation.*

Vous voyez comment l'éditeur fe met à

la place de son pape, & quelle étrange louange il donne à Newton. Il feint de l'avoir lu, & il en parle comme d'un savant bénédictin profond dans l'histoire & qui cependant est modeste. Voilà un plaisant éloge du plus grand mathématicien qui ait jamais été, & de celui qui a disséqué la lumière.

Dans cette même Lettre il prend Berkeley évêque de Cloine pour un de ceux qui ont écrit contre la religion chrétienne ; il le met dans le rang de Spinosa & de Bayle. Il ne sait pas que Berkeley a été un des plus profonds écrivains qui ayent défendu le christianisme. Il ne sait pas que Spinosa n'en a jamais parlé, & que Bayle n'a fait aucun ouvrage nommément sur un sujet si respectable.

L'éditeur dans une lettre à un abbé Lami, fait dire à son prête-nom Ganganelli, *que l'ame est la plus grande merveille de l'univers, selon les paroles du Dante.* Un pape ou un cordelier pourrait à toute force citer le Dante, afin de paraître homme de lettres ; mais il n'y a pas un vers de cet étrange poëte le Dante, qui dise ce qu'on lui attribue ici.

Dans une autre lettre à une dame Vénitienne, Ganganelli s'amuse à réfuter Loke; c'est-à-dire, que monsieur l'éditeur très-supérieur à Loke, se donne le plaisir de le censurer sous le nom d'un pape.

Dans une lettre au cardinal Quirini, monsieur l'éditeur s'exprime ainsi, *Votre éminence qui aime beaucoup les Français leur aura sûrement pardonné leurs gentillesses, quoique ce soit au détriment de la dignité. Il n'y a pas de mal que dans tous les siècles pris collectivement il y ait des étincelles, des flammes, des lys, des bluets, des pluies, des rosées, des fleuves, des ruisseaux. Cela peint parfaitement la nature. Et pour bien juger de l'univers & des tems, il faut réunir les différens points de vue & n'en faire qu'un seul optique.*

De bonne foi, croyez-vous que le pape ait écrit ce fatras en français contre les Français ?

N'est-il pas plaisant que dans la lettre cent-onzième Ganganelli, devenu récemment cardinal, dise, *Nous ne sommes pas cardinaux pour en imposer par notre faste, mais pour être colonnes du St. Siège. Tout jusqu'à notre habit rouge nous rappelle que jusqu'à l'effusion de notre sang nous devons tout employer pour*

venir

venir au secours de la religion. Quand je vois le cardinal de Tournon voler aux extrêmités du monde pour y faire prêcher la vérité sans aucune altération, ce magnifique exemple m'enflamme, & je suis prêt à tout entreprendre.

Ne semble-t-il pas par ce passage qu'un cardinal de Tournon quitta les délices de Rome en 1706 pour aller prêcher l'empereur de la Chine, & pour être martyrisé ? Le fait est qu'un prêtre savoyard nommé *Maillard*, élevé à Rome dans le collège de la Propagande, fut envoyé à la Chine en 1706 par le pape Clément XI, pour rendre compte à la congrégation de cette Propagande, de la dispute des jacobins & des jésuites sur deux mots de la langue chinoise. Maillard prit le nom de Tournon. Il eut bientôt des lettres de vicaire apostolique en Chine. Dès qu'il fut vicaire apôtre il crut savoir mieux le chinois que l'empereur Camhy. Il manda au pape Clément XI, que l'empereur & les jésuites étaient des hérétiques. L'empereur se contenta de le faire conduire en prison à Macao. On a écrit que les jésuites l'empoisonnèrent. Mais avant que le poison eût opéré, il eut, dit-on, le crédit d'obtenir une barette du pape. Les Chinois ne favent guères ce que c'eſt qu'une barette. Maillard mourut dès que ſa barette fut arrivée. Voilà l'hiſtoire fidèle de cette facétie. L'éditeur ſuppoſe que Ganganelli était aſſez ignorant pour n'en rien ſavoir.

Enfin, celui qui emprunte le nom du pape Ganganelli, pouſſe ſon zèle juſqu'à dire dans ſa lettre cinquante-huitiéme à un Bailli de la république de St. Marin, „Je ne vous en-
„ verrai point le livre que vous vouliez
„ avoir. C'eſt une production tout-à-fait
„ informe, mal traduite du français, & qui
„ pullule d'erreurs contre la morale & con-
„ tre le dogme. On n'y parle que d'huma-
„ nité, car c'eſt aujourd'hui le beau mot
„ qu'on a finement ſubſtitué à celui de cha-
„ rité, parce que l'humanité n'eſt qu'une
„ vertu payenne. La philoſophie moderne
„ ne veut plus de ce qui tient à la religion
„ chrétienne ".

Vous remarquerez ſoigneuſement que ſi notre pape craint le mot d'humanité, le Roi très-chrétien s'en ſert hardiment dans ſon édit du 12 Avril 1776, par lequel il fait diſtribuer gratis des remèdes à tous les malades de son royaume, l'édit commence ainsi, *Sa Majesté voulant désormais pour le besoin de l'humanité, &c.*

Mr. l'éditeur peut être inhumain sur le papier tant qu'il voudra. Mais il permettra que nos Rois & nos ministres soient humains. Il est clair qu'il s'est étrangement mépris ; & c'est ce qui arrive à tous ces messieurs qui donnent ainsi leurs productions sous des noms respectables. C'est l'écueil où ont échoué tout les feseurs de testamens. C'est surtout à quoi l'on reconnut Boisguilbert qui osa imprimer sa dixme royale sous le nom du maréchal de Vauban. Tels furent les auteurs des mémoires de Vordac, de Montbrun, de Pontis, & de tant d'autres.

Je crois le faux Ganganelli démasqué. Il s'est fait pape; je l'ai déposé. S'il veut m'excommunier, il est bien le maître.

AU MEME,
SUR LES ANEDOCTES.

C'Eſt un petit mal il eſt vrai, Monſieur, qu'on ait attribué au pape Ganganelli & à la reine Chriſtine des Lettres que ni l'un ni l'autre n'ont pu écrire. Il y a longtems que des charlatans trompent le monde pour de l'argent. On doit y être accoutumé depuis que le grave hiſtorien Flavien Joſeph nous a certifié qu'on voyait encor de ſon tems un bel écrit du fils de Seth, c'eſt-à-dire d'un propre petit-fils d'Adam ſur l'aſtrologie, qu'une partie de ce livre était gravée ſur une colonne de pierre pour réſiſter à l'eau, quand le genre humain périrait par le déluge, & l'autre partie ſur une colonne de brique pour réſiſter au feu quand l'incendie univerſel détruirait le monde. On ne peut datter de plus haut les menſonges par écrit. Je crois que c'eſt l'abbé de Tilladet qui diſait, *dès qu'une choſe, eſt imprimée pariez ſans l'avoir lue qu'elle n'eſt pas vraie, je ſerai toujours de moitié avec vous, & ma fortune est faite.* Que voulez-vous en effet qu'on pense de tous ces libelles sans nombre, de ces ana, de ces satyres de la cour qui amusent & fatiguent la France depuis le tems de la ligue jusqu'à la fronde, & depuis la fronde jusqu'à nos jours.

C'est encor pis chez nos voisins; il y a cent ans que la moitié de l'Angleterre écrit contre l'autre.

Un Mathusalem qui passerait toute sa vie à lire n'aurait pas le tems de parcourir la centiéme partie de ces sottises. Elles tombent toutes dans le mépris; mais non pas dans l'oubli. Vous trouvez des curieux qui rassemblent ces vieux fatras & qui croient avoir des monuments de l'histoire, comme on voit des gens qui ont des cabinets de papillons & des chenilles, & qui se croient des Plines.

De quels faits peut-on être un peu instruit dans l'histoire de ce monde? des grands événements publics que personne n'a jamais contestés. César a été vainqueur à Pharsale & assassiné dans le sénat. Mahomet II a pris Constantinople; une partie des citoyens de Paris a massacré l'autre dans la nuit de la

St. Barthelémi. On ne peut en douter. Mais qui peut pénétrer les détails ? On apperçoit de loin la couleur dominante; les nuances échappent nécessairement.

Voulez-vous croire tout ce que vous dit Tacite, parce que son stile vous plaît & vous subjugue ? Mais de ce qu'on sait plaire il ne s'ensuit pas qu'on ait dit toujours la vérité. Vous êtes un peu malin : & vous aimez un auteur plus malin que vous. Tacite a beau nous dire au commencement de son histoire qu'il faut éviter l'adulation & la satyre, qu'il n'aime ni ne hait les empereurs dont il parle, je lui répondrais, vous les haïssez, parce que vous êtes né Romain, & qu'ils ont été souverains; vous vouliez les faire haïr du genre humain dans leurs actions les plus indifférentes.

Je ne veux justifier Domitien envers vous ni envers personne. Mais pourquoi semblez-vous faire un crime à cet empereur d'avoir envoyé de fréquents couriers s'informer de la santé d'Agricola votre beau-père dans sa dernière maladie ? Pourquoi cette marque d'amitié ou du moins d'attention, ne vous semble-t-elle qu'un désir secret de se réjouir plutôt de la mort d'Agricola ? Je pourais oppofer au portrait affreux que vous faites de Tibère, & aux horreurs mémorables que vous en rapportez, les éloges que lui donne le Juif Philon, plus ennemi encor que vous des empereurs Romains. Je pourais même en abhorant Néron autant que vous le déteftés, vous embarraffer fur le projet longtems fuivi de tuer fa mère Agripine, & furtout la trirème inventée pour la noyer. Je vous expoferais mes doutes fur l'incefte dans lequel cette Agripine voulait engager fon fils avec elle dans le tems même que Néron fe préparait à l'affaffiner. Mais je ne fuis pas affez hardi pour ôter un crime à Néron & pour difputer contre Tacite.

Il me fuffit, Monfieur, de vous dire que fi on peut former tant de doutes fur l'hiftoire des premiers empereurs Romains fi bien écrite par tant de contemporains illuftres, on doit à plus forte raifon fe défier de tout ce que des barbares fans lettres ont écrit pour des peuples encor plus barbares & plus ignorants qu'eux.

Dites-moi comment le galimatias afiatique fur l'aftrologie, l'alchymie, la médecine du corps & de l'ame, a fait le tour du monde & l'a gouverné.

AU MEME,

SUR LE FAMEUX COCHER GILBERT.

IL vous souvient, Monsieur, de ce fameux procès de Mr. le comte de Morangiés maréchal de camp lequel vous donna tant d'occupation, & de cette cabale abjecte & terrible qui se déchaînait contre lui. Il vous souvient d'un fiacre nommé *Gilbert* qui était à la tête de la troupe, avec un ancien clerc de procureur nommé *Aubriot*, lequel était alors dans les grands remèdes. Ils ameutaient le peuple, ils séduisaient tous les esprits. Le cocher Gilbert avait vu maître Liegard Dujonquay son intime ami, ne sachant ni lire, ni écrire, reçu docteur ès-loix, demeurant dans un grenier sans meubles, & prêt à acheter une charge de conseiller au parlement. Il l'avait vu, dis-je, comptant cent mille écus en or dans son grenier, il avait aidé le docteur ès-loix à ranger cette fomme, & à la mettre dans des facs. Il avait vu ce jeune magiftrat porter à pied ces cent mille écus en treize voyages à Mr. de Morangiés, & courir chargé d'or l'efpace de fix lieues en trois heures.

Le clerc de procureur tout couvert de mercure, d'ulcères & d'onguents depuis les pieds jufqu'à la tête s'était échappé de fon chirurgien, au rifque de fa vie, pour voir avec Gilbert cette courfe digne des jeux olimpiques.

Toute la halle, toute la bazoche jointes à des reftes de convulfionnaires, atteftaient Dieu en faveur de Dujonquay. Ils atteftaient, après Dieu, le cocher & le clerc de procureur vérolé. Ces deux témoins, comme on dit, ne pouvaient être ni trompés, ni trompeurs. Ils avaient vu, & ils dépofaient en confcience. La caufe du magiftrat Dujonquay était fi jufte, fon droit fi évident, qu'un ufurier nommé *Aucour* acheta le procès & le pourfuivit en fon nom, comme un fripier achète un habit de gala pour le revendre.

Envain Mr. de Sartines alors Lieutenant-général de la police, fecondé du Lieutenant-criminel, avoit commencé par réprimer sagement l'infolence & l'intrigue auffi abfurde que coupable de Dujonquay & de fes complices. Le peuple cria que les Pilates oprimaient les juftes. Les convulfionnaires écrivirent que les commandements de Dieu étaient impoffibles aux maréchaux de camp, que tout homme de qualité était nécelfairement un fripon, & qu'il n'y avait de vertu que dans les greniers, chez les fiacres & chez les clercs de procureur attaqués de la maladie que Dom Calmet attribue au faint homme Job. La voix du peuple eft la voix de Dieu. Cette voix fut fi éclatante & fi forte que le procès ayant été d'abord renvoyé par le parlement au bailliage du palais, pour être jugé en première inftance, cette petite jurifdiction fit mettre le comte de Morangiés en prifon, le condamna à rendre cent mille écus qu'il n'avait jamais pu recevoir, & adjugea trois mille fix cent livres au généreux cocher pour récompenfer fa vertu.

Le parlement eut bien de la peine à réparer l'horreur & le ridicule de cette fentence. La cabale accufa le parlement d'être cabale lui-même. Des avocats continuèrent à écrire que le maréchal de camp avait corrompu le parlement, le châtelet & la police. Un des défenseurs du cocher Gilbert dit dans son mémoire que la présence de ce vertueux cocher fit trembler le juge qui l'interrogeait. C'était Caton que les satellites d'un tyran traînaient en prison.

Enfin, Monsieur, on me mande de Paris que ce Gilbert, ce Caton des fiacres, après avoir souvent esquivé la corde, vient d'être surpris en flagrant délit, & convaincu d'être voleur & faussaire. Je ne sais pas si la cabale le sauvera d'un châtiment capital; mais je sais que dès qu'un gueux est parvenu à se faire un parti dans la populace, ce parti n'est pas toujours anéanti à la mort du chef. Un seul enthousiaste suffit pour en ranimer la cendre. Si la justice faisait pendre le cocher Gilbert, le fanatisme ferait son panégyrique au pied de la potence. On invoquerai Gilbert comme le martyr du peuple immolé à la cour; & qui sait où cette passion pourait aller?

On conte qu'un prêtre Irlandais, *qui vivait à Paris d'arguments & de messes*, mit un jour par mégarde dans sa poche un calice d'or appartenant à une chapelle royale. Comme on allait l'exécuter un de fes camarades cria au peuple, voyez comme on traite ici les bons *cœthliques*. Ce feul mot excita une fédition. Je ne garantis pas cette hiftoire ; car de mille je puis à peine en croire une.

Si vous me demandez comment dans un fiècle auffi éclairé que le nôtre, une grande partie du public a été affez maligne & affez fotte pour foutenir la miférable caufe des gredins qui ont accufé le comte de Morangiés ? Je vous répondrai que du moins on ne voit plus dans nos jours de ces procès criminels qui reffemblent à des champs de carnage, tels que celui des Templiers condamnés à mourir dans les flammes comme des apoftats, après avoir combattu foixante ans pour la foi ; tels que celui d'un prince d'Armagnac dont le fang fut verfé goutte à goutte fur la tête de fes enfans par les bourreaux de Louis XI, ou celui d'un comte de Montecuculli écartélé fous François premier parce que le dauphin avait bu imprudemment à la glace ; ou d'un confeiller Du Bourg pendu pour avoir recommandé la vertu de la tolérance ; ou d'un Ramus, dont le cadavre fanglant fut traîné aux portes de tous les collèges pour faire amande honorable aux quiddités, & aux ecceités d'Ariſtote; ou d'un maréchal de Marillac mené à la Grève dans un tombereau, parce que ſon frère déplaiſait à un miniſtre, &c. &c. Nous avons eu à la vérité il y a quelques années, des exemples atroces, abſurdes, exécrables, mais plus rarement qu'autrefois. La France & l'Europe en ont témoigné leur horreur. Nos pères regardèrent pendant douze ſiècles avec des yeux indifférens, une ſuite non interrompue d'abominations publiques. Aujourd'hui la voix des ſages ſemble en arrêter un peu le cours. &c. Mais qui ſait ſi la voix (des ſages & des juſtes, c'eſt la même choſe), l'emportera toujours ſur le rugiſſement des pervers fanatiques.

A MON-

A MONSIEUR L'ABBÉ SPALANZANI.

A Ferney le 6 Juin 1776.

Votre lettre du 31 Mai ranime mes anciens goûts & mes anciennes espérances. J'avais renoncé à l'honneur de rendre des têtes à des colimaçons. J'avais la modestie de croire que je n'étais point du tout propre à faire des miracles. Je me souvenais pourtant très-bien d'avoir vu revenir des têtes aux limasses incoques que j'avais décapitées. Mais de bons naturalistes avaient bien rabatu ma vanité en me persuadant que je n'étais qu'un mal adroit, & que je n'avais coupé que des visages dont la peau revient aisément. Mais puisque vous m'assurez que vous avez coupé des vraies têtes, & qu'elles sont revenues, *io ripiglio la mia confidenza*, & je recommence à croire la nature capable de tout.

Ce que vous m'apprenez d'animaux morts depuis longtems ressuscités par vous, est assurément un plus grand miracle. Vous passez pour le meilleur observateur de l'Europe.

Toutes vos expériences ont été faites avec la plus grande sagacité. Quand un homme tel que vous nous annonce qu'il a reſſuſcité des morts, il faut l'en croire.

Je ne ſais ce que c'eſt que le *Cotifero* & le *Tardi grado*, ni comment nos naturaliſtes nomment ces petits animaux aquatique, vous les faites réellement mourir en les mettant à ſec, & vous les faites revivre longtems après en les replongeant dans leur élément.

Après avoir fait, Monſieur, des expériences ſi prodigieuſes, vous deſcendez juſqu'à me demander mon ſentiment ſur les ames du Cotifero & du Tardi grado ; que devient leur ame, eſt-elle immatérielle ? renait-elle ? en reprennent-ils une autre ?

Je ſuis en peine, Monſieur, de toute ame, & de la mienne. Mais il y a longtems que je ſuis perſuadé de la puiſſance immenſe & inconnue de l'auteur de la nature. J'ai toujours cru qu'il pouvait donner la faculté d'avoir du ſentiment, des idées, de la mémoire, à tel être qu'il daignera choiſir ; qu'il peut ôter ces facultés & les faire renaître, & que nous avons ſouvent pris pour une ſubſtance ce qui eſt en effet une faculté de cette substance. L'attraction, la gravitation est une qualité, une faculté. Il y a dans le genre animal & dans le végétal, mille ressorts pareils, dont l'énergie est sensible, & dont la cause sera ignorée à jamais.

Si le Cotifero & le Tardi grado morts & pouris reviennent en vie, reprennent leur mouvement, leurs sensations, engendrent, mangent, & digèrent, on ne saura pas plus comment la nature leur a rendu tout cela, qu'on ne saura comment la nature le leur avait donné; & l'un n'est pas plus incompréhensible que l'autre. J'avoue que je serais curieux de savoir pourquoi le grand Etre, l'auteur de tout, qui nous fait vivre & mourir, n'accorde la faculté de ressusciter qu'au Cotifero & au Tardi grado. Les baleines doivent être bien jalouses de ces petits poissons d'eau-douce.

Si quelqu'un a droit, Monsieur d'expliquer ce mistère, c'est vous. Il est bon aussi de savoir si ces petits animaux qui ressuscitent plusieurs fois, ne meurent pas enfin tout de bon, & sur combien de résurrections ils peuvent compter.

C'est apparamment d'eux que les Grecs apprirent

apprirent autrefois la résurrection d'Atalide, de Pelops, d'Hippolite, d'Alceste, de Pirritoüs. C'est dommage que le secret en soit perdu. Je crois que c'est Mr. Bonnet, grand observateur, qui a prétendu que nous ressusciterions avec notre devant, mais sans derrière. C'est là le fin du fin, &c.

A Mr. B.....

De l'Académie des Sciences; auteur d'un livre plein de science & de génie, sur l'astronomie ancienne.

Vous faites, Monsieur, comme les missionnaires qui vont convertir les gens dans les pays dont nous parlons. Dès qu'un pauvre Indien est convenu de la création *ex nihilo*, ils le mènent à toutes les autres vérités sublimes dont il est stupéfait. Vous n'êtes pas content de m'avoir appris des vérités longtems cachées, vous voulez encor que je croye à votre ancien peuples perdu, qui devina l'astronomie, & qui l'enseigna aux nations avant de disparaître de la terre.

Vous m'avez ébranlé & presque converti.

D'abord je suis frappé de votre conjecture très-ingénieuse, & même plausible, que l'astronomie avait du naître dans le climat où le plus long jour est de seize heures, & le plus court de huit. Mais ma faiblesse pour les anciens bracmanes, pour les maîtres de Pythagore, m'a un peu retenu.

J'avais lu Bernier il y a longtems. Il n'a ni votre science, ni votre sagacité, ni votre style. Il me parut qu'il parlait de la philosophie antique de l'Inde comme un indien parlerait de la nôtre, s'il n'avait entretenu que nos bacheliers, au lieu de s'instruire avec des hommes comme vous. Bernier fit un petit voyage à Bénarès. D'accord; mais avait-il conversé avec le petit nombre de Brames qui entendent la langue du Shasta ? Deux directeurs du comptoir anglais de Calcuta peu éloigné de Bénarès, m'assurèrent il y a quelques années, que les véritables savans Brames ne se communiquaient presque jamais aux étrangers. Et Mr. le Gentil qui en fait plus qu'eux, avoue que les petits savans de province qui demeurent dans le voisinage de Pondicheri, ont pour nous le même mépris dont leurs ancêtres honorèrent les Portugais.

Si un Bernier indou était venu à Paris ou à Rome entendre un profeſſeur de la Propagande, ou du collège des Cholets, & s'il jugeait de nous par ces deux animaux, ne nous prendrait-il pas tous pour des fous & des imbéciles ?

Cependant, Monſieur, il me paraît très-ſurprenant qu'un peuple qui certainement avait étudié les mathématiques depuis cinq mille ans, fût tombé dans l'abrutiſſement que Bernier & d'autres voyageurs lui attribuent. Comment dans la même ville a-t-on pu inventer la géométrie, l'aſtronomie, & croire que la lune eſt cinquante mille lieues au-delà du ſoleil ? Ce contraſte me feſait de la peine. Mais l'avanture de Galilée & de ſes juges m'en feſait davantage ; & je me diſais comme arlequin, *Tutto il mondo e fatto come la noſtra famiglia.*

Enſuite je me figurais qu'une nation pouvait avoir été autrefois très-inſtruite, très-induſtrieuſe, très-reſpectable ; & être aujourd'hui très-ignorante à beaucoup d'égards, & peut-être aſſez mépriſable ; quoiqu'elle eût beaucoup plus d'écoles qu'autrefois. Si vous alliez aujourd'hui, Monsieur, proposer au sacré collège de vous faire une Quinquirēme, je doute que vous fussiez aussi bien servi que du tems d'Auguste. Le gouvernement Tartare a bien pu produire d'aussi grands changemens dans l'Inde, que les deux clefs de St. Pierre en ont opéré à Rome.

Il faut vous faire ma confession entière. Je remarquais qu'autrefois nos nations de la zone tempérée n'imaginaient pas que la terre fut habitée au-delà du cinquantiéme degré de latitude boréale ; & je fefais encor honneur à mes Bracmanes d'avoir deviné que le plus long jour d'été était double du plus long jour d'hiver, je pardonnais aux Grecs d'avoir placé les ténèbres cimmériennes précisément vers le cinquantiéme degré.

Enfin, Monsieur, pardonnez-moi surtout, si la faiblesse de mes organes ne m'avais pas permis de croire que l'astronomie eut pu naître chez les Usbecs & chez les Calchas. J'habite depuis près de vingt-quatre ans un climat couvert de neiges & de frimats comme le leur pendant six mois de l'année au moins. Nos étés nous donnent rarement de beaux jours, & jamais de belles nuits. J'ai eu longtems chez moi un Tartare fort aimable, envoyé par l'Impératrice de Ruſſie. Il m'a dit que le mont Caucaſe n'eſt pas plus agréable que le mont jura. Et je me ſuis imaginé qu'on n'était guères tenté d'obſerver aſſiduement les étoiles ſous un ciel ſi triſte, ſurtout lorſqu'on manquait de tous les ſecours néceſſaires.

Il eſt vrai que l'abbé Chappe a obſervé le paſſage de Vénus ſur le ſoleil à Tobolsk vers le cinquante-huitiéme degré, ſur le terrain le plus froid, & ſous le ciel le plus nébuleux. Mais il était muni de toute la ſcience de l'Europe, des meilleurs inſtrumens, de la ſanté la plus robuſte. Encor mourut-il bientôt après de telles fatigues.

J'étais donc toujours perſuadé que le pays des belles nuits était le ſeul où l'aſtronomie avait pu naître. L'idée que notre pauvre globe avait été autrefois plus chaud qu'il n'eſt, & qu'il s'était refroidi par degré, me feſait peu d'impreſſion. Je n'ai jamais lu le feu central de Mr. de Mairan, & depuis qu'on ne croit plus au tartare & au phlégeton, il me semblait que le feu central n'avait pas grand crédit.

La fable du Phénix ne me paraissait pas inventée par les habitans du Caucase. Mais enfin, Monsieur, votre système me paraît soutenu d'une si vaste érudition, & appuyé de si grandes probabilité, que je sacrifierais sans peine mes doutes à votre torrent de lumières.

Je ne suis pas digne d'entrer dans l'un des cieux antiques dont vous parlez si bien; mais je vous supplierais de m'accorder une place dans le quarante-neuviéme degré.

Nous

Nous avons cru devoir imprimer ici l'allégorie de SÉSOSTRIS, *que toute la France attribue à Mr. de Voltaire.*

SÉSOSTRIS.

VOus le favez, chaque homme a fon génie,
 Pour l'éclairer, & pour guider fes pas
Dans les fentiers de cette courte vie.
A nos regards il ne fe montre pas;
Mais en fecret il nous tient compagnie.
On fait auffi qu'ils étaient autrefois
Plus familiers que dans l'âge où nous fommes;
Ils converfaient, vivaient avec les hommes
En bon amis, furtout avec les rois.

 Près de Memphis fur la rive féconde
Qu'en tous les tems fous des palmiers fleuris
Le Dieu du Nil embellit de fon onde,
Un foir au frais le jeune Séfoftris
Se promenait loin de fes favoris,
Avec fon ange; & lui difait, mon maître,
Me voilà Roi; j'ai dans le fond du cœur
Un vrai défir de mériter de l'être.
Comment m'y prendre? Alors fon directeur,

S 4

Dit, avançons vers ce grand labirinte
Dont Ofiris fonda la belle enceinte.
Vous l'apprendrez. — Docile à cet avis
Le Prince y vole. Il voit dans le parvis
Deux Déïtés d'efpèce différente
L'une paraît une beauté touchante,
Au doux fourire, aux regards enchanteurs,
Languiffamment couchée entre des fleurs
D'amours badins, de graces entourée
Et de plaifir encor toute enivrée.
Loin derrière elle étaient trois affiftans,
Secs, décharnés, pâles & chancelans.
Le Roi demande à fon guide fidèle
Quelle eft la nimphe & fi tendre, & fi belle,
Et que font là ces trois vilaines gens.
Son compagnon lui répondit, mon Prince,
Ignorez-vous quelle eft cette beauté ?
A votre cour, à la ville, en province,
Chacun l'adore, & c'eft la volupté.
Ces trois vilains qui vous font tant de peine
Marchent fouvent après leur fouveraine,
C'eft le dégoût, l'ennui, le repentir,
Spectres hideux, vieux enfans du plaifir.

 L'Egyptien fut affligé d'entendre
De ce propos la trifte vérité.

Ami, dit-il, daignez auſſi m'apprendre
Quelle eſt plus loin cette autre Déïté,
Qui me paraît moins facile & moins tendre,
Mais dont l'air noble & la ſerénité
Me plaît aſſez. Je vois à ſon côté
Un ſceptre d'or, une ſphère, une épée,
Une balance. Elle tient dans ſa main
Des manuſcrits dont elle eſt occupée.
Tout l'ornement qui pare ſon beau ſein
Eſt une Egide. Un temple magnifique
S'ouvre à ſa voix tout brillant de clarté ;
Sur le fronton de l'auguſte portique
Je lis ces mots, *à l'immortalité.*
Y puis-je entrer ? — L'entrepriſe eſt pénible,
Repartit l'ange, on a ſouvent tenté
D'y parvenir, mais on s'eſt rebuté.
Cette beauté qui vous ſemble infléxible,
Peut quelquefois ſe laiſſer enflammer.
La volupté plus douce & plus ſenſible,
A plus d'attraits ; l'autre fait mieux aimer.
Il faut pour plaire à la fière immortelle
Un eſprit juſte, un cœur pur, & fidèle.
C'eſt la ſageſſe. Et ce brillant ſéjour
Qu'on vient d'ouvrir, c'eſt celui de la gloire.
Le bien qu'on fait y vit dans la mémoire :

Votre beau nom doit y paraître un jour.
Décidez-vous entre ces deux Déesses ;
Vous ne pouvez les servir à la fois.

Le jeune Roi lui dit, j'ai fait mon choix.
Ce que j'ai vu doit régler mes tendresses.
D'autres voudront les aimer toutes deux.
L'une un moment pourait me rendre heureux :
L'autre par moi peut rendre heureux le monde.
A la première avec un air galant
Il appliqua deux baisers en passant ;
Mais il donna son cœur à la seconde.

FIN.

www.ingramcontent.com/pod-product-compliance
Lightning Source LLC
Chambersburg PA
CBHW050629170426
43200CB00008B/940